トランプ大統領のパフォーマンスは《隠された支配構造》をえぐり出す

世界を動かす【国際秘密力】の研究

ベンジャミン・フルフォード
異端のジャーナリスト
クリス・ノース 政治学者

ヒカルランド

クリス

トランプ氏の選挙と政権をめぐる政治の事態は、
極めて異例です。
アメリカの歴史の中で、
このような現象はありませんでした。
トランプの選挙を妨害し、
トランプ政権を骨抜きにし、
打倒しようとしていたのがユダヤ勢力です

ベンジャミン

今、アメリカで
大手マスコミを信じている人はたった６％です。
マスコミはカメラのピンを絞って、
ヒラリーの演説会場が人だかりに見えるよう
局所的に写真や映像を撮っていました。
あの選挙は本当はインチキです。
ヒラリーの本当の支持率は
１％もなかったという情報をもらっています

クリス

彼らは日本、中国、韓国、北朝鮮の間に
紛争を起こそうとしています。
欧米など白人の国々を破ったら、
次のライバルは
知的水準の高い東アジアの諸民族です。
次に標的にされているのは東アジアです

ベンジャミン

ハザールマフィアは
人工的世紀末を演出しようとしています！
これは僕が10年以上かけて
数多くの証拠を集めてわかったことです。
けれども、トランプ政権が誕生したことによって、
まず、第三次世界大戦を始める計画はとめられました

クリス

ユダヤ人について語ることは
まだまだタブーとされています。
会議にユダヤ人がいると、
ほかの人はユダヤ人の話ができなくなります。
ユダヤ人の権力について語ると、
アメリカでは仕事を失ってしまうことさえあります。
だけどユダヤ人を理解しないと
今世界で起きていることは何も理解できません。
これは日本人にとっても非常に重要な問題です

世界を動かす【国際秘密力】の研究　目次

第1部　トランプ大統領VSユダヤマフィア社会の大激闘！
～社会政治学者クリス・ノースの現地報告～

第2部　ハザールマフィアの未来計画

～世界支配者層たちが仕掛ける〝人工世紀末劇の裏側を暴露します〟～　ベンジャミン・フルフォード

第3部 クリス&ベンジャミン大激論／これからの世界はこう変わる！

本書は2017年7月8日（土）にヒカルランドパークで行われた講演の記録に加筆したものです。

カバーデザイン　三瓶可南子
校正　麦秋アートセンター
本文仮名書体　文麗仮名（キャップス）

第1部

トランプ大統領VSユダヤマフィア社会の大激闘！

～社会政治学者クリス・ノースの現地報告～

ユダヤ勢力があの手この手でトランプを打倒しようとした

司会　おなじみベンジャミンさんから、クリスさんの紹介をしていただきたいと思います。

ベンジャミン　クリスは私と一緒に上智大学で勉強して以来の友人です。彼はアメリカのワシントンDCに住んでいて、子どものころは、当時、シュレシンジャーというCIA長官の娘とデートしたりしていて、ある意味でインサイダーなんです。彼はずっとアメリカで政治活動をしています。特に今、彼はアメリカでまだすごくタブーなユダヤ勢力の世界アジェンダのことを取り上げているので、そのためにアメリカでは匿名を条件で活動しています。ラジオ番組も抱えていて、いろんなフォローが要ります。彼はアメリカのハザールマフィアを倒すための有力な活動家です。ただ、まだ向こうでは偽名でやっています。この前、朝堂院《ちょうどういん》大覚《だいかく》さんのインターネット放送で「ミスターX」として彼が登場しました。

今回の話題は、ドナルド・トランプを打倒するためのハザールマフィアによるクーデターについてです。クーデターが本当にあったかどうかはわかりませんが、少なくともクーデターをやろうとしています。それは未遂に終わるかもしれません。

クリス　まず、トランプ氏の選挙と政権をめぐる政治の事態は、極めて異例です。アメリカの歴史の中で、このような現象はありませんでした。トランプの選挙を妨害し、トランプ政権を骨抜きにし、打倒しようとしていたのがベンジャミンがハザールマフィアと呼ぶユダヤ人たちです。これは重要です。彼らの目標は、アメリカに住むヨーロッパ系の人を「憎まれた少数民族」にすること、そして、アメリカを利用してユダヤ人部族の敵を攻撃し、最終的に世界を支配することです。

トランプ現象の意味は何でしょうか。次ページの写真はトランプの結婚式のときのものです。トランプとヒラリー・クリントンが写っています。2人がまだ友人関係だった時期です。クリントン元大統領と「メラニア皇后様」もいます。

トランプは、2015年の6月16日に大統領選挙戦に立候補すると宣言しました。その当時、彼が当選できると思った人は、ほとんどいませんでした。しかし、間もなく、17人の共和党の候補者の中で、次ページの画像はそのライバルの16人ですが、世論調査では彼がトップになりました。その後、政治評論家が彼の敗北を予言したり、ワシントンのエリートが彼の成功を妨害しようとしたりしましたが、トランプ氏は何とか当選できました。

私は、2015年の8月までに、すでにトランプの支持者になっていました。それを公表して、彼の当選を予想しました。私は過去に選挙を正しく予想したことはありませんでした。こうした選挙の予想は私の得意分野ではありません。し

トランプとヒラリーが友人だったときの写真

リック・ペリー
前テキサス州知事
2015年9月11日撤退

スコット・ウォーカー
ウィスコンシン州知事
2015年9月21日撤退

ボビー・ジンダル
ルイジアナ州知事
2015年11月17日撤退

リンゼー・グラム
上院議員（サウスカロライナ州選出）
2015年12月21日撤退

カーリー・フィオリーナ
元ヒューレット・パッカードCEO
2016年2月10日撤退

クリス・クリスティ
ニュージャージー州知事
2016年2月10日撤退

ジム・ギルモア
元バージニア州知事
2016年2月12日撤退

ジェブ・ブッシュ
元フロリダ州知事
2016年2月20日撤退

ジョージ・パタキ
元ニューヨーク州知事
2015年12月29日撤退

マイク・ハッカビー
元アーカンソー州知事
2016年2月1日撤退

ランド・ポール
上院議員（ケンタッキー州選出）
2016年2月3日撤退

リック・サントラム
元上院議員（ペンシルベニア州選出）
2016年2月3日撤退

ベン・カーソン
元ジョンズ・ホプキンス大学附属病院小児神経外科部長
2016年3月4日撤退

マルコ・ルビオ
上院議員（フロリダ州選出）
2016年3月15日撤退

ジョン・ケーシック
オハイオ州知事
2016年5月4日撤退

テッド・クルーズ
上院議員（テキサス州選出）
2016年5月4日撤退

共和党の候補者一覧

かし、今回のトランプの場合は別でした。
トランプは、メディアとか寄附を行う富裕層、特にユダヤ人の富裕層を無視できるほど自分自身のカネを持っていました。もともとビジネスマンとして知られており、テレビ番組も持っていて、一般の人に対する知名度も高かったのです。ほかの政治家が議論する勇気のない話題でも、トランプ氏は率直に話すことができました。その一番重大な話題は移民問題でした。

ベンジャミン　トランプは、選挙当時、ブッシュが9・11を仕組んだと言っていました。

クリス　『¡Adios, America!』という本があります。「Adios」は、スペイン語で「さよなら」ですから、「さよなら、アメリカ」ということです。アン・コールターという政治評論家が書いた本で、移民の話題です。トランプの立候補宣言の前月

アン・コールター著『¡ADIOS, AMERICA!』

の5月に出版され、話題を呼びました。トランプが昔から移民問題にどのくらい関心があったかは、わかりません。よく知られているのは、オバマが大統領になったときに、トランプはオバマが本当にアメリカの国籍を持っていたかどうかという疑問を持っていました。テレビでも、よくその話をしていました。アメリカの憲法によると、アメリカ人として生まれていない人は大統領になることはできません。

アン・コールターが出版した『¡Adios, America!』は、中南米を中心とした第三世界からの移民によってアメリカが発展途上国になりつつあるというテーマの本でした。著者はトランプ氏にその本を1冊送り、彼はそれを読んだと言っています。とにかく、トランプは立候補宣言で、中南米の移民に対して、とても厳しい発言をしました。「メキシコは優秀な人々を米国に送っていない。ここに来るメキシコ人は問題を持ってくる。彼らは麻薬を持ってくる。彼らは犯罪を持ってくる。彼らは強姦《ごうかん》者だ。そして、一部はいい人かもしれない」と言いました。

ベンジャミン　メキシコに行くと、メキシコの民家では普通に麻薬の密輸の話をしています。そういう商売でアメリカに行く人たちが多いのは事実です。メキシコの中の柄の悪い人が、たくさん行く。例えば、フィリピンの治安の悪い土地で見る日本人と、日本で見る日本人との違いのようなものと考えればわかります。

クリス　これを聞いて、マスコミは「トランプ氏は人種差別主義者だ」と決めつけました。共和党の候補者でさえ、当選するために、ヒスパニック系の有権者の少なくとも2～3割の票が必要だと主張していましたから。しかし、トランプの率直な話を評価する人々もいました。多くの白人が、自分が生まれ育った町を見て、数十年の間に移民によって完全に変わってしまったと嘆いていました。犯罪の増加、公立学校の質の低下、麻薬、低賃金、失業など、問題はさまざまです。白人たちの中には、それを移民のせいだと解釈している人がいます。地位の低下を経験した白人たちが支持基盤となって、トランプ氏は予備選挙が始まる2016年の1月の世論調査でも、17人の共和党候補者の最上位をキープしました。

トランプの選挙戦のスローガンは、「Make America Great Again（アメリカを再び偉大にしよう）」です。トランプは、このスローガン入りの帽子をよくかぶっていました。彼の支持者もかぶっていたし、私も買いました。でも、トランプの反対者は「Make America Hate Again」という帽子をつくりました。「Hate」は、人種差別、憎しみという意味です。移民に反対する有権者にとっては、「Make America Great Again」は「アメリカを再びアメリカにしよう」という意味を持っていました。でも、トランプを嫌う人の耳には「アメリカを白人の国にしろ」に聞こえました。このスローガンは、移民問題に限らず、貿易問題でも、鉄鋼産業などで失われた雇用を再びアメリカに持ち帰ろうという意味を持っていました。これは非現実的だと指摘されていますが、当選するためにはラストベルトの票が必要でした。

ベンジャミン　「ラストベルト（さび地帯）」は、産業空洞化が一気に進んだところです。

クリス　トランプは東部や中西部の州の労働階級有権者に歓迎されました。

トランプのスローガンが入った帽子

外交政策に関しては、トランプの立場は少しわかりづらいと言えます。彼の無礼で傲慢《ごうまん》な態度を見て、多くの人が彼はタカ派であろうと思いました。ただ、彼の発言を分析すると、違う絵が見えてきます。ほかの共和党の候補者と同様に、彼はオバマ政権のイラン核協定を批判して、イランに対して強硬な態度を見せました。ただ、ほかの共和党の候補者、またはヒラリー夫人と違って、ブッシュ政権のイラク戦争を厳しく批判しました。シリアの内戦に干渉することも反対しました。そして、何よりもロシアとの関係改善を進めていました。私が早い時期からトランプを支持したのは、ロシアとの関係改善の発言が一番大きな理由でした。

ベンジャミン　ちょうど今朝のニュースでは、ウラジーミル・プーチンと30分間会談する予定が2時間に延びて、仲よしになったというのが出ていました。

トランプを支持した白人層はどんな人たち？／大きな影響力を持つオルタナ右翼とは？

クリス　もう1つの重大な話題は、団体利害（アイデンティティー・ポリティクス）といって、要するに、黒人などの少数民族、女性、同性愛者など、それぞれの団体の利害を強調する政治です。トランプ自身は、アイデンティティー・ポリティクスを直接利用はしませんでした。しかし、ヒラリー夫人は過剰に黒人にごまをすり、黒人の高い逮捕率や高い失業率、または低い教育水準や低い所得などをすべて白人の人種差別の結果だと主張しました。結果として、白人は総選挙で圧倒的にトランプに投票しました。同様に、民主党の白人有権者は、予備選挙でヒラリー夫人のライバルのサンダース上院議員に投票しました。ヒラリー夫人は、ヒスパニックなどの移民や同性愛者に対しても団体利害政治を強調しました。最初の女性大統領になる歴史的重要性をさんざん主張しました。そして、特定の女性芸能人に対するトランプ氏の侮辱発言などを挙げて、彼が女性を軽視することをアピールしようとしました。

この数十年間、ユダヤ人が主に影響化においているマスコミや教育制度は、白人、特に白人の男性が黒人などの有色人種や女性を抑圧することによって特権に恵まれてきたというふうに人々を洗脳しようとしました。しかし、教育水準の低い白人を中心に、多くの白人は白人の特権の存在を否定しています。なぜならば、彼らは白人特権論の教え込みが激しい大学には通っていなかったし、肯定的差別である積極的格差是正措置からも離れたところにいたからです。

ベンジャミン　アメリカでは、黒人をはじめ、アジア人を除くほかの少数民族は、大学の入学試験の点数が低くても入れます。例えば、１００点中70点とった黒人は入学できますが、80点とった白人は入れないという逆差別が、かなり制度化されています。それにいらついている人が多いのです。

クリス 教育水準の低い白人は、黒人やヒスパニック系の人と仕事などの分野で競合しているので、白人特権論は信じていません。さまざまな経済指数、社会指数を見ると、教育水準の低い白人の状況が悪化していることは明らかです。平均寿命も短くなっています。彼らが圧倒的にトランプに投票したのです。

トランプを支持したもう1つの団体は、「オルタナ右翼」という思想を持つ人たちです。オルタナ右翼の定義は、あまり明白ではありません。国家政策研究所の所長であるリチャード・スペンサーという人が「オルタナ右翼」という表現を生み出しました。オルタナ右翼は必ずしも白人民族主義者ではなく、白人特権論や白人の歴史的な罪は否定しています。なおかつ、大量移民、フェミニズム、そして、政治的な正しい言葉遣い（ポリティカル・コレクトネス）を否定しています。

ベンジャミン ポリティカル・コレクトネスで、いろいろな表現が制限されます。

クリス いろんなタブーがあります。

ベンジャミン 例えば、日本だったら「在日」という言葉が禁止になるとか、行きすぎているわけです。そういう問題がアメリカではある。同性愛に異議を唱えられなくなったり、同性愛結婚に反対するだけでも「差別分子だ」と言われます。厳しい言論弾圧が「ポリティカル・コレクトネス」という表現のもとで行われているのです。

クリス　多くのオルタナ右翼は、わざと挑戦的で無礼な発言をしています。また は、米国の外国に対する軍事干渉に反対して、今までの戦争は米国国益ではなく、イスラエル国益の追求のためだったとしています。私もそう思っています。大部分の人は反シオニストで、一部は「反ユダヤ」とも呼ぶことができます。オルタナ右翼は、有権者の数からするとまだ小さいですが、選挙結果に対する影響力は大きいものがありました。彼らは、インターネットやソーシャルメディアを有効に使っていました。

ベンジャミン　大手メディアは、トランプがまるで人種差別主義者で、白人優越主義者であるかのように、書き立てている。しかし、今ではみんな大手マスコミを信じなくなりました。今、アメリカで大手マスコミを信じている人は、たった

6%です。

クリス　下のイラストのカエルは、オルタナ右翼のマスコットになりました。彼らはトランプが好きなので、彼を緑のカエルとして描いています。ヒラリーを批判したりバカにしたりする絵にもカエルはたくさん描かれています。ヒラリーはある日、大きな演説会でオルタナ右翼について話しました。私のラジオ番組でも、その演説は話題になりました。

ベンジャミン　これはNSA（米国家安全保障局）が暴露したことですが、CNNの幹部や出演者は、ほぼ100%、ユダヤ人です。だから、「JNN」と書いたほうがいい。

クリス　もちろん非ユダヤ人もいます。ちなみにCNNは、この絵をインターネットに出した人を追及しました。これは違法な行動です。「謝罪しないと、あなたの名前をテレビに出します。名前が出たら、あなたの命が危ないよ」と言って

オルタナ右翼のマスコット

いる。テレビ番組の中でも、それを示唆することを言っています。この数日、これが大きな話題になっています。オルタナ右翼は、トランプの当選に大きな役割を果たしました。

トランプをカエルのマスコットにたとえたイラスト

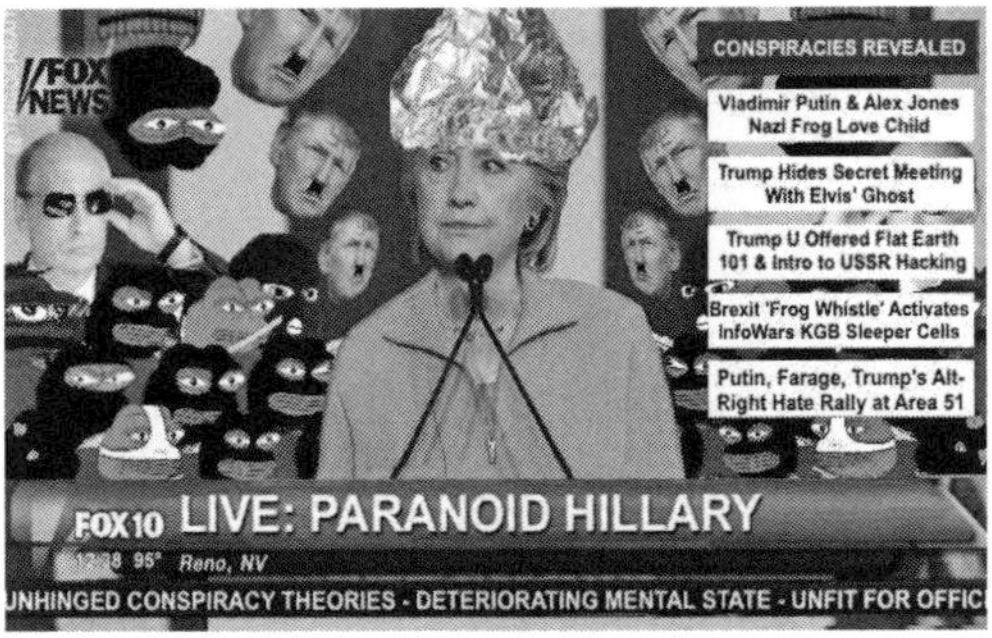

ヒラリーを批判する画像「生中継：パラノイア（偏執症）のヒラリー」と揶揄されている

ネオコンの〝ネバー・トランプ運動〟とは？

クリス　キリスト教原理主義団体は共和党の有力な支持団体です。彼らは中絶とか同性愛結婚などに反対しています。経済とか外交の政策はあまり話題にしません。でも、すごく親イスラエルです。

ベンジャミン　この団体は100年前に一部のユダヤ人が人工的につくったキリスト教の派閥です。彼らは、イスラエルがユダヤ人の手にすべて戻ったら、キリストが再臨する、そのとき、ユダヤ人はみんなキリスト教に改宗すると信じ込んでいます。うまいぐあいに一般のキリスト教徒が熱心なイスラエル支持者にねじ曲げられていて、かなりの影響力を持っています。そういうストーリーです。

クリス　もう1つの共和党の有力な支持団体は、ネオコンです。「ネオコン」という表現は聞いたことがあると思います。ご存じかどうかわかりませんが、メンバーは、ほとんどがユダヤ人です。ネオコンは、マスコミ、シンクタンク、学会で活動しているユダヤ人を中心とした知識人たちのことです。その影響力は、軍、連邦議会または一般共和党有権者にも及びます。ネオコン運動は、第二次ブッシュ政権で共和党の指導部を制覇して、イラク戦争を計画し、実施しました。誰もがこれはネオコンがやったことだと認めています。ネオコンの最優先は親イスラエルの外交政策です。経済面ではグローバル化を進め、社会面では民主党と同じく同性愛結婚や大量移民を支持しています。

ネオコンは共和党支持者ですが、激しくトランプに反対して、「ネバー・トラ

ユダヤ人を中心として構成されている「ネオコン」

ンプ（トランプは永遠にダメ）運動」の中心になりました。予備選挙では、クルーズ上院議員やルビオ上院議員など、トランプのライバルを支持しました。そして、トランプが予備選挙で勝ちそうになったときは、共和党大会に出席するトランプ陣営の代議員に、トランプ氏を裏切ってクルーズを支持するように誘導しようとしました。一部のネオコンは、4年前の共和党公認候補者、ミット・ロムニー元知事の無所属の立候補を画策しました。それは失敗に終わりましたが、最終的に、無名の元ＣＩＡ工作員、エバン・マクマリンという人をリクルートしました。彼はモルモン教徒ですが、例年、共和党が楽に勝てる、モルモン教徒の多いユタ州では意外にも接戦になりました。「アメリカ新世紀プロジェクト」というシンクタンクのユダヤ人創始者、ウイリアム・クリストルという人が反トランプの無所属の候補者をリクルートする陣営の指導者でした。

ベンジャミン　「アメリカ新世紀プロジェクト」の人たちは、２０００年に公表した論文『アメリカの防衛再建（Rebuilding America's Defense）』の中で「特定の遺伝子をターゲットにできるように生物兵器が進化すれば、生物兵器による戦争は、テロの領域から便利な政治的なツールに転用できる」と言及し、また同じ論文の中で「壊滅的規模で、触媒として働くような何か新しい真珠湾攻撃のような出来事がなければ、アメリカの体制移行の過程は、たとえそれが革命的な変化を引き起こすとしても、長い時間がかかるものとなるであろう」と言っています。要は、9・11を起こして、SARSなどの生物兵器のばらまきをやったグループです。

クリス　シンクタンクのもう1人の創始者、ロバート・ケーガンは公的にヒラリーを支持しました。彼の妻のビクトリア・ヌーランドは私の妹の元ボスでした。

ベンジャミン　ヌーランドはウクライナ革命の生みの親で、その秘書がクリスの妹です。だから、彼はインサイダー情報を持っている男なんです。

U.S. Assistant Secretary of State Victoria Nuland wife of neocon-Robert Kagan

ロバート・ケーガン（右）と妻のビクトリア・ヌーランド（左）

クリス　インサイダー情報は全然聞いていませんが、もしヒラリー夫人が当選すれば、ヌーランドが国務長官になった可能性がありました。要するに、トランプに反対するネオコンとかマスコミとか学会の指導部はユダヤ人だったんです。

トランプを陥れようとする卑劣なマスコミのやり口

クリス　今回の選挙は、人種の役割が非常に重要でした。次ページの画像は選挙前の世論調査です。黒人のクリントン支持者は84％、トランプ支持者はわずか9％でした。ヒスパニック系もヒラリーを支持していました（クリントン支持者65％、トランプ支持者28％）。白人はその反対ですが（クリントン支持者39％、トランプ支持者53％）、ヒラリーを支持する白人も結構たくさんいました。

さらに、マスコミの総選挙前の取材を分析するハーバード大学の研究所の研究結果を見ても、反トランプがすごく多いことがわかります。トランプが大統領になってからも、その傾向は続きました。

最終的に、トランプは得票数では２８５万票差で負けました。しかし、脱工業化が進んだラストベルト、特にペンシルベニア、オハイオ、ミシガン、ウィスコンシン州の４州では大量の選挙人を獲得しました。

ベンジャミン　南東部から中西部にかけては、「バイブル・ベルト（聖書地帯）」と言われて、熱心なキリスト教徒が非常に多い。ここはラストベルトで、産業が崩れているところです。

クリス　産業が崩れているところは、普通は民主党に投票しますが、今回は接戦

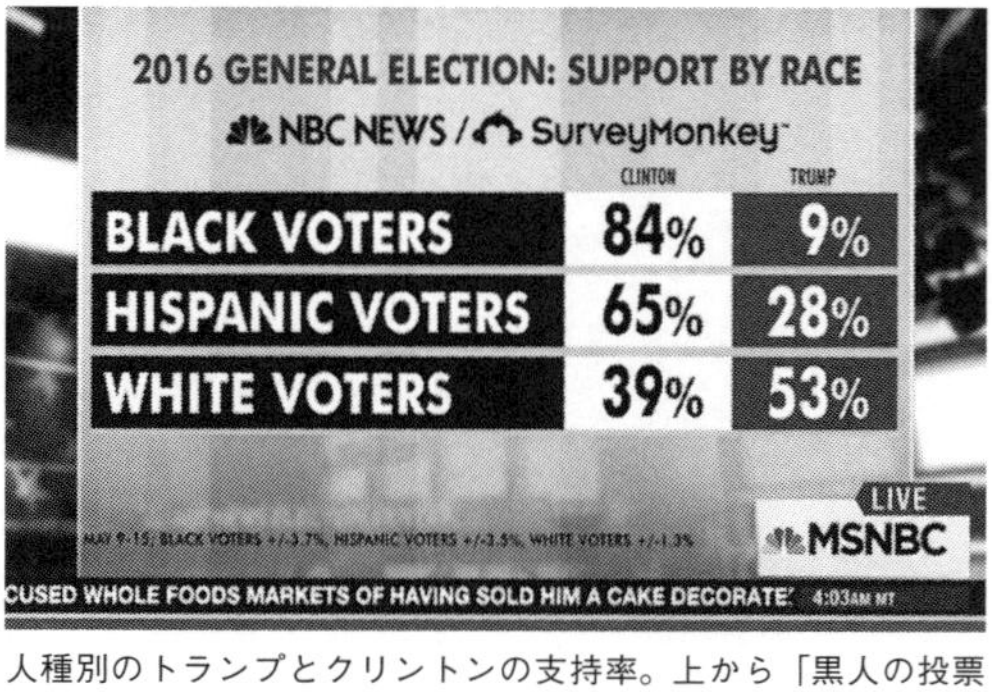

人種別のトランプとクリントンの支持率。上から「黒人の投票者」、「ヒスパニック系の投票者」、「白人の投票者」

でトランプが勝ちました。結果として、選挙人票はトランプが過半数を獲得しました。
　アメリカの大統領選挙には複数の段階があります。最初は各州の予備選挙、それから、党大会、討論会、総選挙。それぞれの段階で、反トランプのユダヤ人たちが普通ならありえないことをしようとしました。これは異例なことです。

ベンジャミン　僕も選挙中に見ましたが、実際に現場に足を運ぶと、ヒラリーのところにはほとんど誰も来ないで、トランプのところにはものすごくたくさん来ている。マスコミはカメラのピンを絞って、ヒラリーの演説会場が人だかりに見えるよう局所的に写真や映像を撮ってこれをわからないようにしていました。あの選挙は、本当はインチキです。ヒラリーの本当の支持率は1％もなかったとい

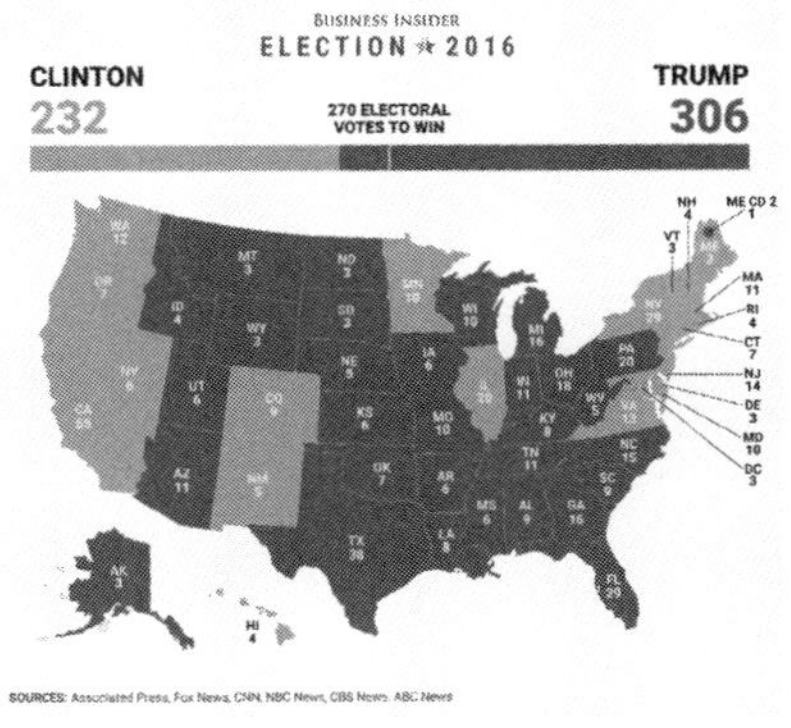

2016年米大統領選、獲得選挙人数。クリントン232人、トランプ306人という結果になった

う情報ももらっています。彼は意見が違うと思いますけど。

クリス　それはないと思います。ただ、私はトランプの演説に行ったことがあります。会場はバスケットボールのアリーナで、満員でした。でも、カメラはトランプだけを写していました。トランプはいつも「ほら、この観客を写して」と言っていましたが、カメラは誰も動きません。CNNも動かない。

ある日、私の娘が通っている高校の体育館にヒラリーが来ました。歩ける距離ですが、いろいろと看板を持っていきたかったので車で行ったのですが、近所は混んでおらず会場のすぐ近くに駐車できました。高校生のバスケットチームの試合の観客ぐらいしか来ていなくて、まったく大した数ではなかった。ヒラリーは大衆が集まる演説ではなくて、ファンドレイジング、要はカネ集めとテレビ広告に集中していました。

トランプとヒラリーの演説会場の規模の違いがわかる写真

ウィキリークスによって民主党本部のメールが暴露され、予備選挙での民主党の討論会の前に、CNNの職員がヒラリー夫人に事前に質問を教えたことがわかりました。その事実が暴露された後、CNNはその職員をクビにしました。しかし、その事実は否定できません。共和党の討論会のときも、司会者は次第に反トランプになりました。特にFOXのメーガン・ケリーは、自らトランプと討論したり、ビデオ映像などを使ってトランプはウソつきであると訴えました。しかし、ほかの候補者に対しては、こういう追及はしていません。トランプだけでした。

総選挙のときの討論会の司会者も反トランプでした。討論会は3回あって、2回目の討論会は、次ページ写真の真ん中の2人でした。

第1回の討論会の司会者は、NBCのニュースキャスター、レスター・ホルトという人でした。彼はトランプがイラク戦争を最初から反対してきたという主張を否定して、トランプと議論になりました。ヒラリー夫人とは同様の討論はしませんでした。ホルトキャスターは、トランプ氏が所得税の申告を公表しないこと、オバマのアメリカ国籍を疑ってきたことを批判的に追及しました。

第2回の討論会の司会者の1人は、マーサ・ラダッツという中年女性です。彼女はユダヤ人ではありませんが、ユダヤ人と結婚していました。もう1人は、同性愛者のCNNのキャスター、アンダーソン・クーパーという人です。彼のCNNの番組は、選挙前からトランプを批判する参加者が非常に多いことが目立っていました。ラダッツは、選挙当日の生放送でトランプが当選することが確実になったとき、泣きそうになっていました。あんなに偏見を見せて結構批判されましたが、それだけクリントンを応援していたということです。この2人はトランプ

総選挙の討論会の司会者。左から、レスター・ホルト、マーサ・ラダッツ、アンダーソン・クーパー、クリス・ウォレス

氏を激しく追及しました。討論会のときに、トランプは「どうして私は3人と討論しなければならないのか。これは3対1だ」と、文句を言っていました。

3回目の討論会も、ユダヤ人キャスター、クリス・ウォレスと、同じような討論がありました。

異例のドラマが繰り広げられた大統領選挙／あの手この手でトランプの足を引っ張っていた

しかし、選挙当日には、トランプが勝利するという結果が出ました。その後の出来事は極めて異例です。大統領選挙制度を理解するアメリカ人は極めて少ないのです。11月の総選挙では、有権者は大統領に投票するのではなく、選挙人団の選挙人に投票します。ほとんどの人は、これをわかっていません。その選挙人は

12月に大統領に投票します。法律と伝統の結果として、11月の総選挙で得票率の高い候補者は、その州の選挙人の全員を獲得することが、ほぼ確実です。ほとんどのアメリカ人は選挙人の票が自動的に投票されると誤解しています。しかし、選挙人は意思を持っている人間です。11月の選挙では普通は選挙人のことはあまり考えないのですが、今回は反トランプのユダヤ人団体が選挙人を個人として追及しました。党大会に参加する代議員と同じように、トランプを裏切るようにと言ったのです。

同じ時期に、ロシアがアメリカの選挙を邪魔したというウソが始まりました。下の写真は緑の党の大統領候補者で、ジル・スタインというユダヤ人です。選挙が終わったときに、彼女は選挙の再集計を要求しました。彼女の名前も選挙用紙に載っていたので、法的にその権利があります。再集計を要求したのは、ウィスコンシン、ミシガン、ペンシルベニアの3つの州です。

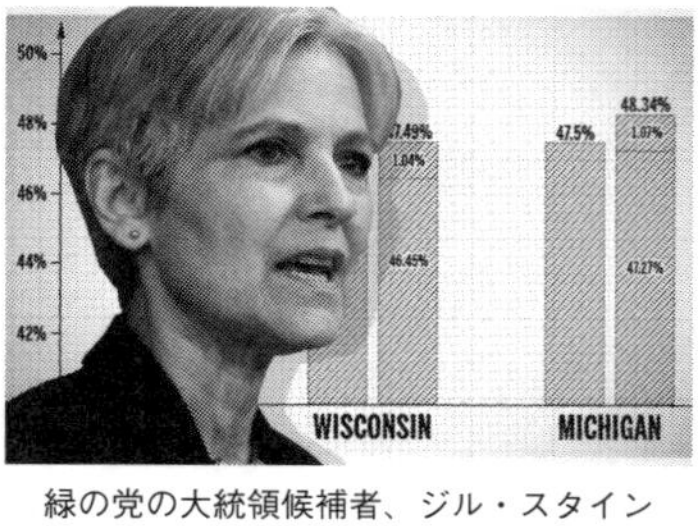

緑の党の大統領候補者、ジル・スタイン

この3つの州は接戦で、ここでの結果が逆になったら、ヒラリーが大統領になっていました。しかし、これで選挙結果が変わるとは、彼女は思っていなかったと思います。資金を得るためにしたことです。こういうことをすると、法廷に行かなければならない。それで全国の人にアピールして、おカネがたくさん集まりました。

ベンジャミン 大量の資金をもらって、ヒラリーに有利になるようにピンポイントで再調査をしたというスキャンダルで、彼女は緑の党の支持者から非難されました。ちなみに、トランプは選挙の不正を調査すると言っていますが、トランプ政権の選挙調査委員会が各州政府に有権者登録データ（投票者の氏名や住所、生年月日、党の所属、社会保障番号などの情報）の提出を求めているのに、アメリカ50州のうち29州が「機密情報」との理由で提出を拒否している。トランプ政権は「大統領選が公正に行われたか否か」を検証するためにデータの公表を要請しているわけなのですが、この各州政府の非協力的な状況についてFEC（米連邦議会選挙委員会）は、何も動こうとしないのです。要するに、ヒラリーに対して不正をしたことがバレるからです。

クリス　選挙人たちがそれぞれの州議会で集まった12月19日には、異例のドラマがありました。７人の選挙人が誓約を破って別の人に投票したのです。ほかにも３人が別の人に投票しようとしましたが、その州の法によってできませんでした。興味深いのは、７人中５人は民主党の選挙人で、２人が共和党の選挙人でした。その５人の民主党の選挙人の動機は何だったのか。内訳はテキサスの共和党が２人と、ワシントンの民主党が4人と、ハワイの民主党が１人です。ミネソタとジョージアとコロラドにもそういう動きがあったのですが、州の法律でできませんでした。

２０１７年の１月６日に、連邦議会に下院議員と上院議員が集まって、選挙人の票を集計しました。これはアルファベット順で行うのですが、最初のアラバマ州の結果が読まれたときに、ある下院議員が

票の集計に意義を唱え、トランプを妨害しようとした

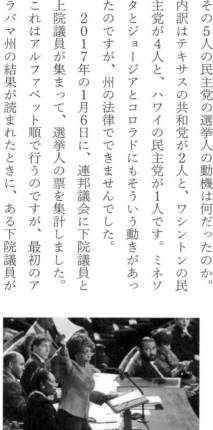

立って異議を唱えました。カリフォルニア出身のバーバラ・リーという黒人の議員で、ロシアが選挙を操作したという理由で反対したのです。ほかの州も続々、黒人とユダヤ人の下院議員が立って異議を唱えました。しかし、議長を務めていたバイデン副大統領は、異議の申し出に上院議員の署名がないので異議は討論できないと、即時に判定しました。それでトランプが過半数を獲得できたのです。実は、ニュージャージー州出身のコーリー・ボッカーという黒人の上院議員に一生懸命アピールしていたのですが、結局、彼は協力しませんでした。彼が協力した場合は、上院議員、下院議員はそれぞれの議事室に戻って、その異議を容認するかどうかを判断します。容認すれば、その票が無効になります。トランプが過半数をとるのを妨害する可能性があったのです。

ベンジャミン　要するに、こうやって次々と、あらゆる細かいところでトランプの足を引っ張り、いろんな技術的な理由で何とか当選を阻止しようとしたのです。それは今もやっています。

クリス　もし過半数を獲得できない場合は、下院は選挙人票を獲得した上位３人の中から次期大統領を選びます。上位2人はトランプとクリントンですが、3人目はコリン・パウエルという人でした。ワシントン州で3人のクリントン選挙人は、共和党員であるコリン・パウエルに投票したので、彼が3位になりました。下院では民主党全員と一部の共和党の人がコリン・パウエルに投票すると、トランプではなく、コリン・パウエルが大統領になるという陰謀でした。実際にそれをやったのですが、失敗に終わりました。それでトランプが就任しました。

就任した後は、トランプが閣僚を指名し、内閣をつくらなければなりません。普通なら、次期大統領が閣僚を指名して、就任式当日とか翌日までに上院が承認します。トランプの場合は、平均して30～40日もかかりました。一部の人たち、国防長官と国土安全保障省長官は就任式当日に承認されました。この2人は軍人で、親イスラエルで、ユダヤ人に人気があります。国務長官の承認は、10日かかっただけ

コリン・パウエルを大統領にしようという動きがあった！

ではなく、43人が反対しました。これは異例なことです。財務長官は元ゴールドマン・サックスの人です。私は彼がならなければよかったと思っています。最終的に、5月まで内閣は結成できませんでした。こういうことは例がありません。

この40年間の大統領を見ると、クリントンのときは内閣承認の反対票は1票もありませんでした。普通は、問題のある人は1人か2人です。トランプの場合は、直近6人の大統領の内閣承認の反対票を合わせた数をはるかに上回っていました。なおかつ、閣僚になるまでの日数が、すごく長い。内閣以外にホワイトハウスのスタッフがありますが、上院の承認は必要ありません。

ここにおもしろい人物がいます。下の写真の右の人物はジャレッド・クシュナー、トランプの娘の旦那です。彼はユダヤ人で、いろいろと問題を起こしている人物です。左の人物はスティーブ・バノンと

スティーブ・バノン（左）とジャレッド・クシュナー（右）

いう人です。ユダヤ人にすごく嫌われています。彼はオルタナ右翼のウエブサイトを経営していました。この2人は仲が悪い。最近までは若いユダヤ人のクシュナーが有力でした。

問題になったのが国家安全保障問題担当大統領補佐官になったマイケル・フリン中将です。この人は親ロシアです。トランプの当選と就任の間に、ロシアが選挙を邪魔したという理由で、オバマ大統領はロシアに対して制裁をかけました。制裁だけではなく、「今度はサイバー戦争をやるぞ」という脅しもかけました。左側のフリンという人が、ロシアの大使に「落ちついてください。我々が政権をとったら何とかします」と言いました。それが問題になって、彼はクビになりました。彼の後継者はタカ派のハーバート・マクマスター将軍で、4月に行ったシリア空爆を担当しました。理由はシリアの大統領が毒ガス

マイケル・フリン（左）とハーバート・マクマスター（右）

を使ったからとされていますが、証拠は何もありません。

どうしてトランプの政治的な敵が政権に潜入できるのか。まず、トランプは実業家で、テレビ業界出身なので、政策の専門的な知識や経験を持っている人は周りにいませんでした。また、同じハト派である民主党の左派は、ほとんど全面的にトランプに抵抗していました。ですから、共和党のエリートとか共和党の幹部に依存するしかなかったのです。その中にネオコンが入っていました。ネオコンは、彼の当選にずっと反対していました。「破れない人は仲間にする」ということわざがあります。あと、トランプの娘はユダヤ人と結婚しました。官僚にはユダヤ人とかユダヤ人の仲間がたくさん残っていました。

次ページの一番上のグラフはトランプが政権をとってから最初の100日間のテレビ取材です。8割が反トランプです。テレビ局とか新聞ごとに見ると、特にCNNが一番激しい。ウォールストリート・ジャーナルの所有者でもあるルパード・マードックが所有するFOXは、半分半分です。

一番下のグラフはハーバード大学の研究です。話題ごとに見ると、一番批判的

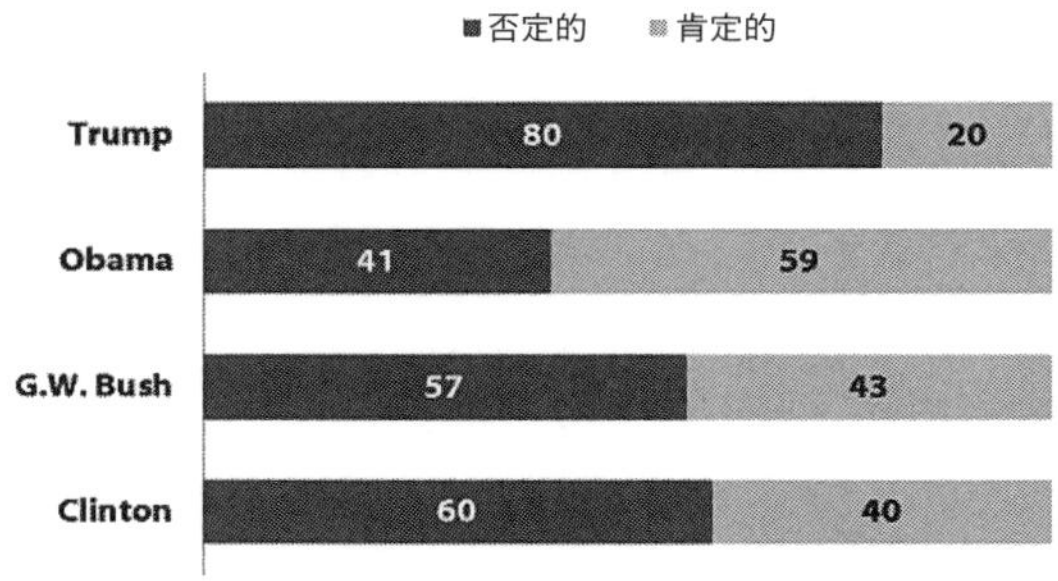

最初の100日間における大統領に対するメディアの反応

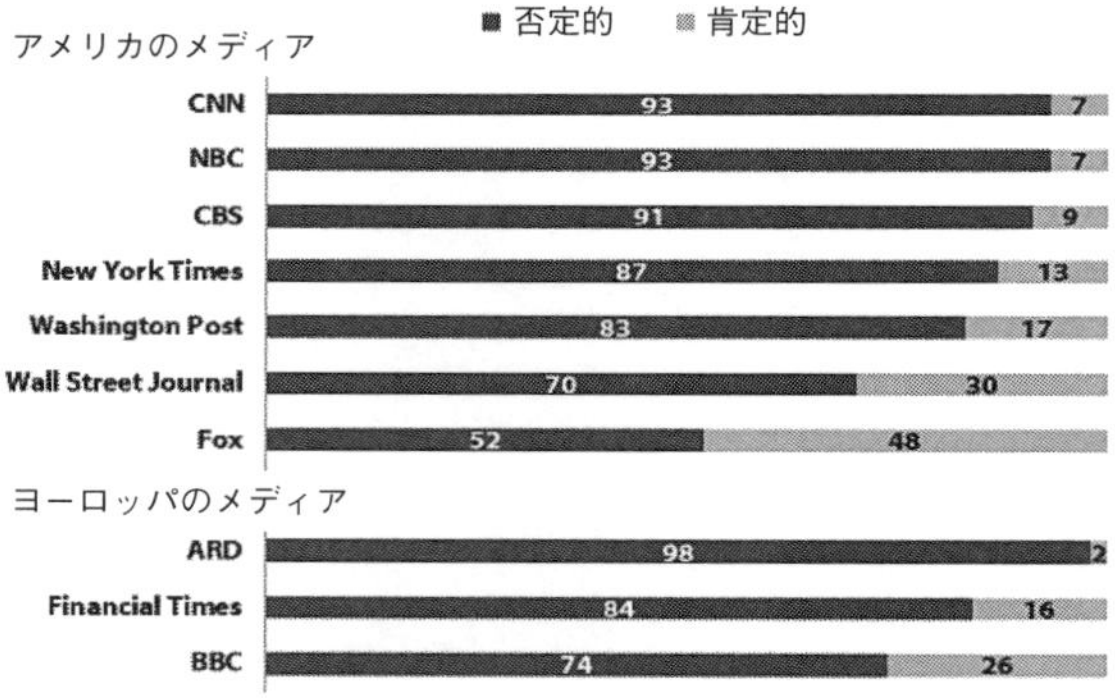

各メディアの反応

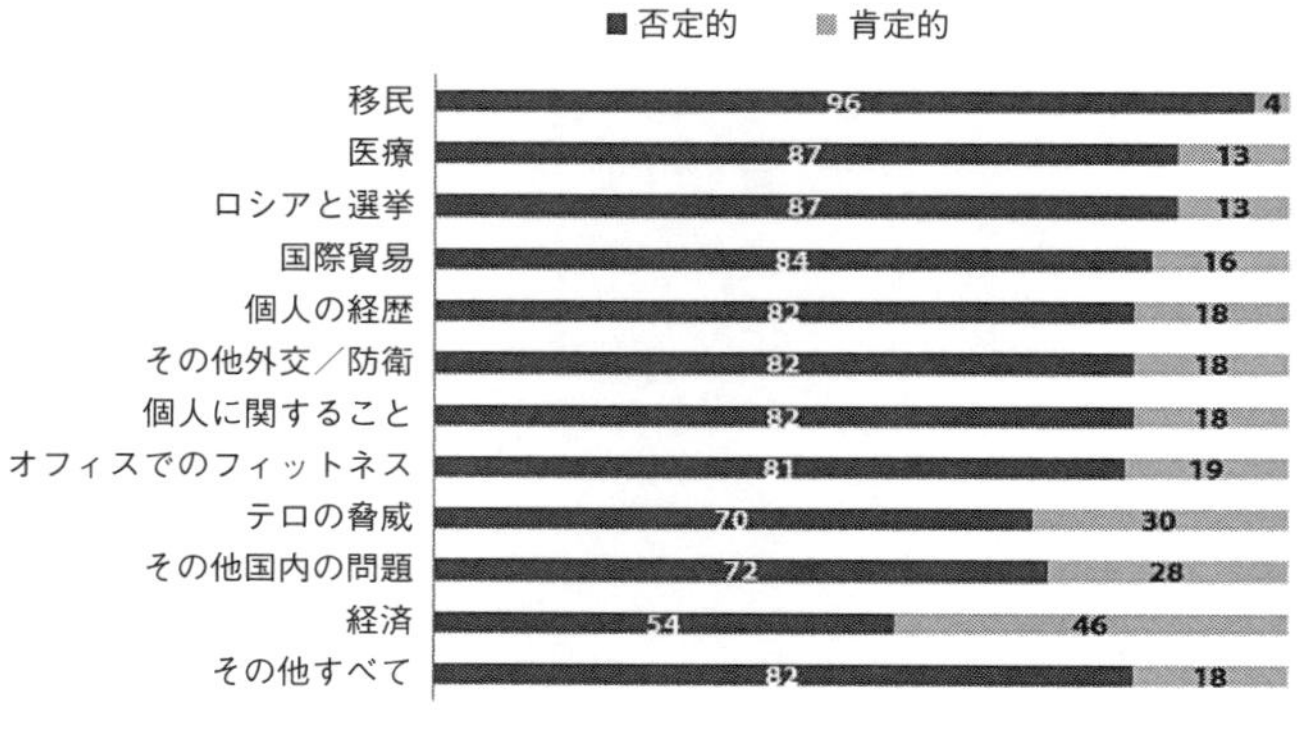

トピック別、メディアの反応

に取材されている話題は移民問題です。ほぼ１００％が反対しています。そして、2番目がロシアの問題です。ユダヤ人にとっては、プーチンはものすごく大きな敵です。なぜかというと、彼は90年代に、ロシアを支配していたオリガルヒを破ったからです。

　最近、「ディープステート」という言葉がよく使われますが、下のイラストを見たら、ＦＢＩとかロスチャイルドが描かれています。

お化けが「WHAT THE HELL DO YOU THINK YOU'RE DOING?（一体、お前は何をしようと考えてるんだ？）」とトランプに語りかけている

ベンジャミン　これは「Drain the swamp（沼から水を抜く）」という、よくある英語の表現をあらわしています。腐敗を一掃するという比喩的な意味で用いられるのですが、通常、その後には「to find the swamp monster（沼のモンスターを

見つけるために）」と続きます。これは、まさにそれを絵にしたもので、沼の水を抜いたら、こんなお化けが出たという漫画です。

クリス　トランプに反対しているのは、アカデミア（学会）、大学教授などです。ユダヤ人が学長になったりして、ものすごく強い。ハーバードなどのアイビーリーグは、ほとんどユダヤ人が学長になっています。

次ページの画像は、２０１７年、大学で起こった、白人至上主義を倒そうというデモです。この大学は5月何日かに白人は大学に来てはいけない日があって、その日に来た１人の白人教授が攻撃されました。学生たちは彼の辞任を要求しています。

次ページ真ん中の画像はバークリー大学の暴動です。オルタナ右翼の人がバークリーで演説しようとすると、ファシズムだと言って反対します。でも、この看板を見ると、「同性愛者はよい」とか書いてあります。彼らは「これは戦争だ」と言って暴動を起こしています。車に放火したり、「トランプを殺せ」と言っています。これが大学の状況です。バークリーの学長は警察が学内に入ってはいけ

白人至上主義を倒そうというデモの様子

バークリー大学で起きた暴動。「TRANS DYKES GOOD（同性愛者は良い）」という看板を持っている

「Kill TRUMP（トランプを殺せ）」と描かれている

ないという命令を出して、暴動を起こさせたのです。

次に標的になるのは東アジア⁉

クリス 戦後、日本はアメリカに占領されました。大型の米軍基地が、沖縄をはじめ全国各地に散らばっています。日本の政治、経済、社会に対するアメリカの影響力は恐ろしいものです。したがって、日本はアメリカに強い影響力をもつユダヤ人を理解する必要があります。

日本人にとって、アメリカには謎がたくさんあります。どうしてイスラエルのために戦争をするのか。どうして犯罪、失業、福祉、教育など、あらゆる分野で問題を起こす移民を入国させるのか。どうして黒人の犯人が警察に撃たれるとき、白人もデモをするのか。第三次世界大戦の危険性があるのに、どうしてISISと戦うふりをしながら、ISISを守るためにシリア・ロシアと戦うのか。これを理解するためには、アメリカはアメリカの多数民族である白人を嫌うユダヤ人のエリートに影響されていることを認知しなければなりません。これを理解するアメリカ人は非常に少ないです。なぜかというと、ほとんどのアメリカ人は、ユダヤ人と非ユダヤ人の白人の区別ができないからです。自分の将来を犠牲にする政策をつくるのがユダヤ人であることを認識していないのです。

オルタナ右翼がよく使っている
ユダヤ人を表すイラスト

これが日本人にどう関係するか。ユダヤ人は、アメリカと同じように、日本に潜入して日本を影響化におくことはできません。わかるでしょう？　ユダヤ人は日本人の見た目とは違うからです。しかし、彼らの目標は、日本の将来も犠牲にします。彼らはアメリカという国家を利用して日本を影響化におきます。ユダヤ人は、日本、中国、韓国、北朝鮮の間に紛争を起こそうとしています。欧米など白人の国々を破ったら、次のライバルは知的水準の高い東アジアの諸民族です。この勢力は、東アジアの地域紛争を起こそうとして、分割統治戦略をとっています。要するに、ヨーロッパ系の諸民族のゾンビ死体に乗って世界を影響化におくことを狙っているのです。

日本人や中国人、世界のすべての人々にとって、ヨーロッパ人系の人々をユダヤ人の影響化から解放することは極めて重要です。欧米人がこの数百年間でつくった経済的または軍事的な資産がこの帝国の手に握られたら、恐ろしいことです。彼らは、目標を達成するためには、どんなに破壊的な戦争でも起こす用意があります。それは20世紀の歴史が証明しています。

シャーロッツビルのデモ行進で一体何が起きたのか？

ベンジャミン　クリスは２０１７年8月12日、土曜日に、バージニア州のシャーロッツビルでデモ行進に参加したんですよね。

クリス　はい、そうです。

ベンジャミン　そこで右翼の暴動があったという報道がいっぱいされているけれども、実際に何が起きたの？

クリス　「Unite the Right（右寄りの団結）」というテーマで集会を行いました。その集会が法律的に正しく問題なくできるように集会の数週間前に許可をとったのですが、集会を行う数日前になってシャーロッツビル市がそれを取り消しました。それで、開催する団体が連邦裁判所に行って、許可の取り消しに反対する判決を得ました。

ベンジャミン　要するに、裁判によって許可の取り消しが無効になって、デモ行進の許可がおりたということですね。

クリス　そのとおりです。集会の前日、11日の金曜日の夜、私は参加しませんでしたが、すごく冷静で平和的なデモ行進が行われて、別に大きな問題はありませんでした。その次の日、昼12時から5時までの予定で、公園でいろいろな演説が計画されました。11時ぐらいから、右寄りのそれぞれの団体が公園に行こうとしていました。しかし、その公園に着いたときは、左翼のさまざまな団体が待っていました。参加している人はほとんど白人でしたが、「Black Lives Matter（黒人の命を大事にしよう）」という団体、または「ＡＮＴＩＦＡ（ファシズムに反対する）」という団体です。警察もいましたが、警察は右寄りの人が公園の左翼が集まっている入り口しか使えないようにしました。

ベンジャミン　警察が右寄りの人たちのデモ行進を左翼のところに誘導したと言

っていましたね。

クリス　そのとおりです。その左翼の人は、いろんな武器を使いました。例えば、石とかれんがとか、または自分のオシッコとかウンコを投げた。または、使用済みのコンドーム、使用済みの女性生理用品を投げたり、棒とか野球のバットでデモ参加者を攻撃しました。右寄りのデモに参加した人たちは、盾とヘルメットを持ってきました。こういう人たちは家に銃があっても全然おかしくない。でも、デモを計画していた人が参加者に対して銃を持ってこないでという指示をしたので、一部の人は持っていたかもしれませんが、ほとんどの人は銃を持っていませんでした。バージニア州では銃を持ち歩くことは自由ですが、銃の発砲事件などは全然報道されていません。

左翼の人の攻撃が始まっても、警察は攻撃を防止しようとしなかったので、バージニア州知事が非常事態を宣言しました。それによって、許可がまた取り消しになりました。警察から双方に解散命令が出ましたが、それに従ったのは右寄りの団体だけです。

私が着いたときは解散命令が出た直後で、解散しようとしていた右寄りの団体が、公園から退くための出口で攻撃されていました。一部の人は別のところから出て、できるだけ秩序を守って自分の車がとまっている駐車場に戻ろうとしましたが、迷子になった人が結構たくさんいました。私は、その迷子たちを探して駐車場に連れていってあげました。多くの人も、同じように迷子を探して駐車場に連れていきました。1時ぐらいまでには、デモに参加した右寄りの人たちは解散しました。ほとんどの人が、別の州とか結構遠いところから来ていました。泊まったところは、ホテルではなく、シャーロッツビルから30キロぐらい離れているキャンプ場でした。

1つ言わなければならないことは、左翼の人が使っていた武器の中には、メイス（催涙スプレー）とかハイドロクロリックアシッド（塩酸）があったことです。演説する予定の右寄りの団体の指導者の1人が塩酸で攻撃されて、その塩酸が目に当たって、彼は目が見えなくなりました。回復する見通しは、ほとんどありません。それが全然報道されていません。

1時ぐらいまでに、ほとんどの右寄りの人が解散してシャーロッツビル市から出ました。しかし、迷子が若干残っていた。私は、見た目は右寄りとか左寄りに見えない普通の洋服を着ていました。500メートルぐらい離れたところに、デモを開催する予定の公園とは別の公園があって、その公園に入ると、武装された団体がいて、機関銃に近いような銃を持っていました。それは右寄りでも左翼でもなく中立な団体でしたが、とにかく武装していて、デモを開催した人たちを敵として見ていました。私はそこに立って写真を撮ろうとしましたが、「カメラをしまいなさい」と命令されました。

そこで突然、騒ぎが起こりました。右寄りの団体がよく着ていた白いシャツの人が道を走っていて、銃を持って武装した黒の洋服の団体の人たちが追いかけていきました。そのときに「おまえらは殺人者」と叫んでいた。結局、これはどういうことか、よくわからない。もしかしたら、死亡事件を起こした人だったかもしれないし、別の人かもしれない。でも、警察の立っているところに走っていった白いシャツを着ていた人が逮捕されて、黒い洋服を着ていた人が守られた。それは自分で目撃しました。

その後、ちょっと歩くと、その公園から200~300メートルほど離れていたところに死亡事件が起こった交差点があって、けがをしていた人を1人見ました。その人は出血はしていませんでした。その人は交通事故でけがしたかどうか、病気や疲れていたかどうか、わかりませんが、とにかく救急車が呼ばれました。

アメリカ国内で 白人差別に対する反発が起きている！

ベンジャミン クリスが証言している騒動のきっかけとなったのは、米バージニア州シャーロッツビルの市議会が、南北戦争で「奴隷制の存続」を支持した南部連合側の英雄、ロバート・E・リー将軍の像撤去を決定したことだった。そして

8月12日、「シャーロッツビルで行われたデモ集会の最中に、参加していた右派が集会に抗議する左派の人々に車で突っ込み、1人が死亡、十数人がけがをする事態が発生した」と報じられました。それが、クリスが目撃した「死亡事故」のことです。私から言わせると、わざと銅像の撤去を計画して、右寄りが集まるようにした。そのときに、時給25ドルでプロの問題分子というかデモ屋さん、クライシスアクターもいっぱい雇われたという報道も出ています。クリスも、呼びかけで集まった右派の人々は、警察当局から解散命令が出された時点で大人しくその場を去った、と証言しています。そして、その後に「死亡事件」は起きた。米当局のNSA筋も「その事件は、すべてヤラセで、捏造《ねつぞう》だった」と伝えています。

しかし、その後、カナダとか世界の新聞で、人種差別反対、ナチ反対、白人優越主義反対を一緒くたにした大がかりなマスコミキャンペーンがありました。マスコミが、それを「白人至上主義者によるテロ」として大々的に報道を展開したのです。それに伴って、トランプとトランプを支持する右翼への集中攻撃が始まりました。トランプは右翼、人種差別主義、白人優越主義の人間だというレッテルを張るという、かなり手の込んだキャンペーンでした。そうした人種間の潜在的な問題を触発する工作が今、次々と計画されています。ボストン市でもデモの参加者を募る応募広告が見られるし、さらに、8月26日にラスベガスで開催された元ボクシング王者のフロイド・メイウェザー（黒人）と総合格闘技UFC王者のコナー・マクレガー（白人）の一戦の前にも、デモの参加者を募集する広告が出ていました。要するに、白人対黒人のけんかをあおるような作戦がとられているのです。

今のアメリカは堕落していて、雇われた問題分子が放置されている。アメリカは無秩序に近い。僕から言わせると、おカネをもらって実際に暴動を起こしているほうが本当のファシストです。僕は右翼団体の言っていることを全部は賛成しないけれども、今回はちゃんと礼儀正しくやっていました。それが今の北米の現状です。クリスは、その堕落ぶりを直接目撃したということです。

クリス　右寄りのデモを計画した人、そこで演説するつもりだった人など、指導者の人たちは別に白人優越主義とか白人至上主義ではありません。先月の我々の発表会とか、２０１５年に出版した本は、白人に対する差別を批判するつもりでした。要するに、現在のアメリカでは、ユダヤ人優越主義、ユダヤ人至上主義があって、ユダヤ人が白人を差別しているという現状に対して文句を言いたかったのです。デモに参加している人は、白人がほかの人種を弾圧するのではなくて、現在の白人に対する弾圧をなくしたいと主張していました。

ベンジャミン　私の生まれたカナダでも問題はありますが、このようなおカネをもらって暴力を振るう問題分子によるデモは、まずさせてもらえない。すぐさま取り締まりの対象になります。アメリカの場合は、当局が何もしないで雇われ暴力分子をそのままほったらかしにしたことで、アメリカの堕落ぶりが鮮明になっていると私は認識しています。

クリス　州知事とか市長とか警察の指導者は、暴力を振るった左翼の人と、ある程度協力していました。

ベンジャミン　そういうのがアメリカの今の堕落ぶりの現状です。

クリス　Black Lives Matter（黒人の命を大事にしよう）という団体は、一部は別の州から来たのかもしれませんが、ほとんどが地元の白人でした。地元の黒人はその団体には入っていなくて、かえってその団体に参加していた白人を侮蔑していました。

ベンジャミン　要するに、黒人がBlack Lives Matterという団体に参加している白人に対して怒っていたわけです。本当の黒人団体は、NAACPとかが昔からあります。

クリス　あれはユダヤ人が指導していました。

ベンジャミン　いずれにしても、本当の黒人はBlack Lives Matterという団体には、ほとんど参加していないということです。

クリス　少なくとも、あの日、あの町では、貧乏な黒人は、どの団体に入っていても白人が嫌い。そういう単純なことだと私は解釈しています。それを言いたかった。また、この死亡事件に対して、運転手が計画して、わざと人を車で殺したということが報道されています。これはテロ事件だとアメリカの司法長官も言っています。

ベンジャミン　ところが、NSAのサイトによると、これは国務省の職員が演出した工作だった。

クリス　そういう説もある。事件が起こったとき、私は500メートルぐらい離れたところにいて、目撃していませんでした。ただ、あの近辺は確かに、もし白いシャツを着た人が迷っていたら攻撃される雰囲気でした。

いろんな角度からビデオが撮られたのですが、前の角度からのビデオを見たら、その車はほかの車に衝突しました。でも、後ろからの角度では、その車はとまっていて、ブレーキのライトが見えた。あの道は、200年前ぐらいに車のためではなく馬車のためにつくられていて、すごく狭い。Black Lives Matterは、車が通れないように道の中を歩いていた。そして、一部の人は事故が発生してから2秒以内に車を攻撃しました。なおかつ、そのビデオが始まる前からフロントガラスを壊していた。

ベンジャミン　要は、ベースボールバットを持っている人たちが彼の車を攻撃して、彼が逃げようとして前の車に追突して、その前の車が左翼の女性を轢《ひ》いたと、クリスは言っています。

クリス　そういうビデオなどの証拠があります。または、死亡した女の人は、車に直接当てられたのではなく、車から逃げようとしていた人に倒された。しかも、死亡した女性の母親はテレビのインタビューでは娘が心臓麻痺で亡くなったと言いました。また、その母親は別のテレビ番組では「娘は事故の直前に生命保険を買ったばかりだった」と言いました。要するに死亡した女の人は、肥満とタバコで健康状態が非常に悪く、衝突ではなく心臓麻痺が死亡の原因でした。もし裁判があって、そのビデオを証拠として使ったら、運転手は無罪になります。

ベンジャミン　ポイントは、右翼テロが平和的な左翼デモ行進を攻撃したとされていることです。でも、現実はその反対だったと、現場の目撃者だったクリスは言っています。

日本の場合も同じように、在日と日本人、慰安婦とか尖閣とか、必ず何か問題を起こして民衆を分裂させて戦わせるのがこの人たちの帝王学ですから、そういう工作には乗ってはならないということです。アメリカでも日本でも、右翼だろうが左翼だろうが、おカネをもらったエセ団体とはつき合ってはならない。逆に、もしそういう人たちが暴力などを振るうなら、すぐに逮捕するべきだと私は思います。

シャーロッツビル事件はトランプを弾劾するためのキャンペーンだった

クリス　私が最後に強調したいのは、マスコミを中心に、この事件を使ってトランプ大統領の弾劾が主張されていることです。

ベンジャミン　そのキャンペーンのための工作だったということですね。

クリス　トランプは、双方に悪い人と良い人がいたと中立的に解釈し、説明しようとしている。マスコミは、右翼はみんな白人至上主義者で、ナチとかＫＫＫとか言っています。現場にKKKはいませんでした。40年前にKKKの団体を指導していたデイビッド・デュークが演説する計画があったので、そのことを言っているのだと思います。とにかく、マスコミは、右寄りの人たちを「白人至上主義者」と非難し、それに反対する人たちを擁護した。でも、反対する人たちの中には、私がビデオに撮ったように……。

ベンジャミン　要は、左翼がウンコを投げたり、オシッコを投げたり、使用済みの女性生理用品やコンドームを投げたり、それから塩酸を投げて人の目を見えなくさせた。あと、火炎放射器なんかも持っていて、武装した団体もいました。右翼団体はまったく武装していない状況で平和的に解散した後に、事件がいろいろ演出されました。これから、このような出来事をスペインとかアメリカ各地とかで一生懸命エスカレートさせようとしている人たちがいます。そういういたずらをとめる義務が我々にあると私は思います。

クリス　左翼団体の中には、「トランプ政権を打倒しよう」とか「共産主義革命を起こそう」という大きな看板を持っていたり、そういう演説をしていた人がいました。ですから、マスコミの言っていることは、少なくとも9割はウソです。本当のことは、ほとんどありません。私の解釈では、白人団体がユダヤ人至上主義に反対して、ユダヤ人が支配しているマスコミがそれに対してものすごく反発しているということです。

第2部

ハザールマフィアの未来計画

〜世界支配者層たちが仕掛ける
〝人工世紀末劇の裏側を暴露します〟〜

ベンジャミン・フルフォード

アメリカではハザールマフィア支配が崩れてきている

ベンジャミン　イスラエル諜報機関モサドのモットーの1つとして知られる「By way of deception, thou shall do war（欺《あざむ》きによって戦争をする）」という言葉は、長年まかり通っていました。でも、モサドはオオカミ少年の物語を知らなかったようです。

世界中のホテルのテレビは、大体CNNの映像が見られるようになっています。結局、CNNはハザールマフィアのプロパガンダ組織です。ユダヤ人はアメリカの人口の2%とか3%しかいないのに、CNNのほとんどのスタッフがユダヤ人です。日本でいえば、NHKの職員の9割が非日本人で、日本人をだますために

6/26/2017 - 7/2/2017
Time Period Averages, Live+SD, ranked on P2+

M-Su 8p-11p

Rank	Network	Dur	HHLD AA%	HHLD AA (000)	P2+ AA (000)
1	FOX NEWS CHANNEL	1260	2.1	1,823	2,294
2	MSNBC	1260	1.5	1,342	1,628
3	HOME AND GARDEN TV	1260	1.3	1,141	1,457
4	USA NETWORK	1260	1.1	972	1,315
5	TBS NETWORK	1260	1.0	907	1,206
6	HISTORY	1260	0.9	860	1,151
7	ESPN	1260	0.9	783	1,064
8	DISCOVERY CHANNEL	1260	0.8	716	968
9	FX	1260	0.7	664	958
10	TLC	1260	0.9	766	928
11	NICK-AT-NITE	840	0.7	628	903
12	INVESTIGATION DISCOVERY	1260	0.9	723	874
13	CNN	1260	0.8	711	846
14	TURNER NETWORK TELEVISION	1260	0.7	603	820
15	HALLMARK CHANNEL	1260	0.7	641	794
16	FOOD NETWORK	1260	0.6	563	738
17	A&E NETWORK	1260	0.6	551	712
18	AMC	1260	0.6	518	690
19	FREEFORM	1260	0.5	482	678
20	TV LAND	1260	0.6	543	671

テレビ番組の平均視聴率を表した表。CNN は13位

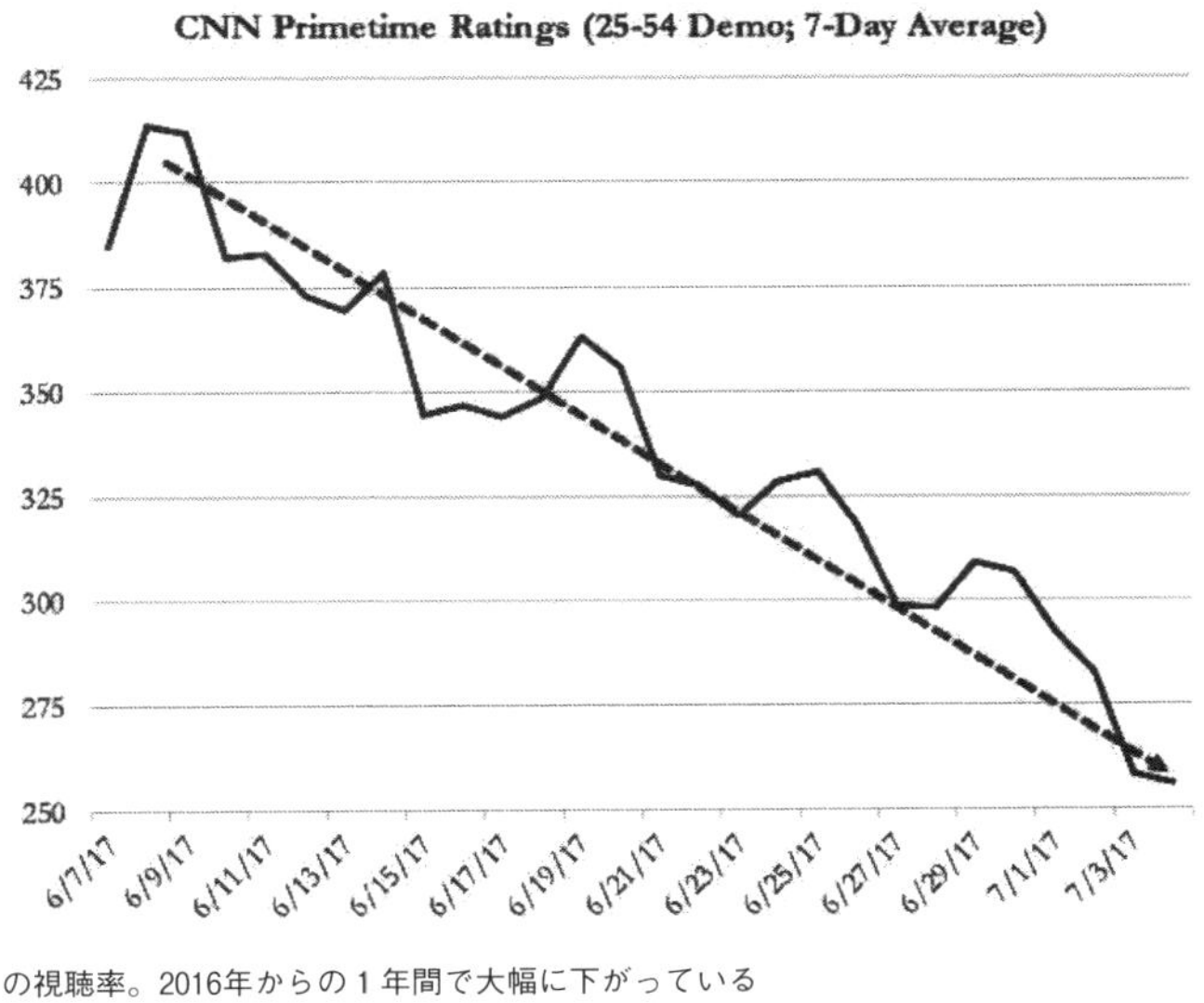

CNN の視聴率。2016年からの 1 年間で大幅に下がっている

ニュースを流しているのと同じようなものです。ところが今、ＣＮＮはウソをつきすぎて、視聴率が下落してきています。みんなウソつきの番組を見なくなったんです。最近では、ゴールデンタイムでも、20年前か30年前のアニメ番組の再放送より人気がありません。ＣＮＮは13番目になっています。一番上は、トランプに中立的な立場をとっているＦＯＸです。

　アメリカでは今、ハザールマフィア支配が崩れてきています。ハザールマフィアは自分たちで戦わないで、傭兵を使います。世論調査では、アメリカ議会を信用している人は1割未満で、マスコミを信用している人は6%です。でも、軍を支持している人は71%です。トランプ政権は「反ハザールマフィア軍事クーデター」と言えます。アメリカの制服組は二重国籍を認めないので、他の政府機

TURNER
CNN
If Jews represent just 2% of the U.S. population, would it be odd for a media organization (whose parent company has a Jewish president and Jewish-majority of C-level executives) to also have a Jewish President and Jewish Vice-President, a Jewish-majority of Executive Vice Presidents, and a Lead Political Anchor, Chief Political Correspondent, Chief Political Analyst, Chief Political Director, Chief National Correspondent, and Chief Washington Correspondent—all 6 of its "Chief" anchor positions—who are all Jewish, as well as a majority—at least 13—of the network's currently-running shows having Jewish hosts?
It's almost as if...

CNNのスタッフの大部分がユダヤ人で構成されている

関に比べれば、イスラエルの軍に対する影響力はほとんどありません。ネオコンやユダヤ人が多いシンクタンクだけがイスラエルの都合のいいようにアメリカ軍に指示を出していたけれども、アメリカ軍は長い間、水面下で反イスラエルの準備をしてきたのです。

そのきっかけは、1967年の第三次中近東戦争のときに、アメリカの「リバティー」という情報収集船がイスラエルの空軍と海軍の魚雷艇に攻撃されたことです。そのとき、リバティーの艦長は、近くにいたアメリカの空母に守ってもらうために連絡をしました。空母はすぐに飛行機を派遣しました。ところが、当時のジョンソン大統領は空母艦隊長に電話して、「あの船を沈めたい、援護するな」と言いました。結局、ソ連の艦隊が来たために、リバティーは沈められませんでしたが、結果、同盟国であるはずのイスラエルがアメリカの海軍の軍艦を沈没させようとした事実がバレてしまいました。実は、リバティーの沈没をエジプトのせいにして、アメリカがエジプトを侵略するというシナリオでした。リバティー号事件は、末端の軍人らを含め、アメリカ国民に戦争勃発を肯定させるための世論づくり工作だったのです。

要は、アメリカ軍がイスラエルとアメリカ内部のイスラエル支持者らにだまされて、イスラエルの国益のために戦争に誘導されていたことが、軍部の中でバレたのです。そのときから、軍部の中で、水面下で長期にわたってユダヤ権力についての調査をやってきました。その中心はナチ残党でした。確かにナチスには問題がたくさんあります。有色人種をみんな殺したいとか、わけのわからないところもあります。でも、ナチ残党を中心としたユダヤ研究はずっと続いていました。

決定的だったのは、イラク侵略のときに大量破壊兵器がなかったことです。アメリカ軍は、かわいそうな罪のない民間人が大量に殺される、それを守るためという正義感で戦いに行きました。しかし、それはウソでした。またイスラエルとアメリカのイスラエル支持者らにだまされたのです。今度こそそんなことは許さないということで、特にCIAとかペンタゴンの中で、かなりの数の人たちが気づいて、反ハザールマフィアキャンペーンが準備されたのです。

肝心なのは、ユダヤ人は一枚岩ではないということです。それはホロコーストを見ればわかります。同じ民族が同じ民族を追いやったのです。その本質がわからないと、事の始まりがわかりません。要は、ずっと昔からヨーロッパで仲よく住んでいるユダヤ人と、イスラエルでユダヤ人国家をつくって世界を支配しようとするグループとの対立があったわけです。ヨーロッパにいたユダヤ人がイスラエルに引っ越さなかったので、ロスチャイルドなどのシオニストがヒトラーを使って脅しをかけて、イスラエルに送り込んだという経緯があります。

非常に多くのウソの歴史、ウソの世界ストーリーが、インターネットによって暴露され始めました。日本は水面下で大きくこれに貢献しています。日本人は明治時代から、ずっとこの問題を研究していました。太田龍先生とか、彼を継いだ研究が英語の世界に流れたことによって、多くの欧米人、特にエリートの中に目が覚める人が続々と出てきたという状況です。それによって今、大きな変化が起きています。

僕が持っている情報では、一部の世論調査では、従来のユダヤ権力の仲間であるクリントンの支持率は0・8%とかです。クリスが現場で見たように、トランプの集まりはスタジアムが満杯になるけど、ヒラリーの集まりは高校の会議室がいっぱいにならないほど人気がなかったことは、目の前の現実としてもあったわけです。

1人につき2800人の奴隷／ハザールマフィアたちの理想社会とは？

もう1つ、僕がこの問題に直面してわかったことがあります。ハザールマフィアの支配構造には1人の神様がいます。その神様は、抽象的なものではなくて、実在する人間です。その神様に近い人たちほど力があるという構造は、絶対的な王様が支配するという仕組みにつながります。これは中近東のエジプト由来の仕組みです。

僕は現場調査によって、その神様役がデイビッド・ロックフェラーだとわかりました。70年間、彼は、欧米、そして世界の陰の指導者だったと言えます。デイビッド・ロックフェラーは、外交問題評議会、三極委員会、ビルダーバーグ会議などを長年にわたって取り仕切ってきました。しかも、彼の財団が大量の株式を保有することで、フォーチュン・グローバル500（世界企業500社番付）にランクインするほとんどの上場企業の議決権を握っていました。建前上は「フォーブス」の長者番付で300位ぐらいです。欧米の一般社会では、すでに「過去の人間」という認識になっていて、大したおカネはないというイメージですが、裏では絶対的な王様だったわけです。

もう1つ、長年研究してきてわかったのは、彼らは昔から、苗字や信仰する宗教などを巧みに変えてなりすましをしていたということです。わかりやすい事例で言うと、サウジの王族はユダヤ人です。ユダヤ人がイスラム教徒のふりをしている。そうした情報が最近、表に出ています。例えば、2017年7月7日・8日に開かれたドイツ・ミュンヘンのG20会議で、サウジアラビアの王様だけが欠席しました。僕の情報では、もう死んでいるからです。影武者しかいない。長男のサルマン皇太子が実権を握っているのですが、イランの準国営ファルス通信によると、サルマン皇太子に対するサウジ国内のクーデターを防ぐために、イスラエルが戦闘機18台とC130機2台、それから特殊部隊を送り込んでいます。要は、サウジアラビアとイスラエルは同盟関係にあり、イスラエルと同様に隠れユダヤの植民地だったことがバレたわけです。アメリカの場合は、クリスのような活動家がふえています。

白人は、いつの間にかハザールマフィアに支配されてしまいました。僕たちが若いころはそうでもなかったのですが、例えば、学界で学長とか教授にユダヤ民族をどんどん入れています。それにはカムフラージュがかかっています。プロの団体、例えば、弁護士会のトップ、医師会のトップ、上場企業のトップなどは、すべてハザールマフィアの息の掛かった人たちで、こっそりと上から乗っ取られています。

彼らが最終的に目指していたものは何か。これは本当にぶっ飛んだ話に聞こえますが、これは僕が10年以上かけて数多くの証拠を集めてわかったことです。彼らのグループは人工的世紀末を演出しようとしています。トランプの義理の息子のクシュナーは「チャバド」というユダヤ教の宗派を信奉している狂信的なユダヤ原理主義者です。その宗派のストーリーでは、最後に2つの大国、ゴグとマゴグが戦って、人類の9割が死ぬ。その後、ユダヤ人が残りの1割を家畜にする。1人のユダヤ人に2800人の奴隷がつく、とされています。ようするに、終末カルトです。あまりにもぶっ飛んだ話だから、まさか世界の権力の最高峰にそんな人たちがいるとは思ってもいませんでした。

でも、さっき言ったように、その計画は頓挫《とんざ》しています。それは僕たちの歴史の中では非常に大きな変化です。

日本にはユダヤ人はあまりいません。その代わりに、戦後、ユダヤ人の代理として在日と被差別部落が使われたそうです。日本の公安警察幹部とか自衛隊の参謀の情報によると、田中角栄と小渕恵三以外の日本の総理のほとんどが在日だと言われていて、ようするに日本のトップにいた多くの人間が、日本人ではなかったということのようです。例えば、ソンテチャクという北朝鮮人の日本名は某宗教団体の会長の名前で、安倍は統一教会と交流があると言われています。統一教会は北朝鮮生まれの文鮮明《ムンソンミョン》が創立しました。こういう支配構造は日本にもあったのです。その命令を出しているのは、僕も現場で直接調べたのですが、マイケル・グリーンというロスチャイルドの代理人と、リチャード・アーミテージ、バーバラ・ブッシュのいとことかです。ジェラルド・カーティスだけはまともなほうですが、その3人の下にぶら下がるのが、エセ右翼とか政治家を脅すグループです。その隠れた支配構造が日本にも定着していました。日本のマスコミが反トランプ的になっていたのは、その支配下にあったためです。それが今、崩れようとしています。

ビル・ゲイツ、ジョージ・ソロス、ビル・クリントン、ヒラリー・クリントンはすでにこの世にいない!?

ハザールマフィアの支配構造が崩れることは、歴史的な変化です。世界史を見ていると、エジプトとか中国とかで、50年、70年と続いた絶対的な王様が死ぬと、必ず混乱が起きます。あまりにも長く王位にいたために、継ぐ人が決まらずに、しばらく混乱期があって、やがて新しい王が出てきます。今回の場合は、欧米の絶対支配、神様の役割を果たしていたのがデイビッド・ロックフェラーです。その二番手は、パパブッシュです。ロックフェラーは石油と上場企業を支配し、石油本位制ドルの印刷機を持っていました。彼のかばん持ちがヘンリー・キッシンジャーです。それらの命令で、田中角栄などの日本の総理が殺されるという仕組みです。

ブッシュはナチスの残党です。彼らは世界の麻薬通商です。南米のコカイン、北朝鮮の覚醒剤、以前はゴールデントライアングルのアヘンとヘロイン、今はアフガンのヘロインなどを扱っています。武器商人でもあるし、人身売買とか製薬会社のネットワークも持っています。9・11以降はかなり力を増していましたが、今はロックフェラー一族も衰退し、ブッシュも失脚しています。息子のジョージ・W・ブッシュが大統領のときに9・11を仕組んだことはバレバレで、軍産複合体の中で、彼の仲間、彼の部下はパージされています。

最新の動きでは、アメリカの上院司法委員会が、オバマ時代の司法長官、ロレッタ・リンチの調査をし始めています。司法長官というのは、日本で言えば法務大臣で、8年間務めます。私が得た情報では、ロレッタ・リンチは、クリントンとか、その政権のことをいろいろ暴露しています。

ヒラリー・クリントンは、実はデイビッド・ロックフェラーの娘だという情報が出ています。彼女はもう殺されているという話も聞いています。ビル・クリントンもすでにエイズで死んだとＣＩＡ筋から聞いています。２０１６年大統領選でジェブ・ブッシュの軍事顧問を務めていたマイケル・ヘイデン元ＮＳＡ長官も失脚している。デイビッド・ペトレイアス将軍とか、ブッシュの息のかかった軍人はみんな解任されています。もう１人、オバマのブレーンと言われた有力者、ズビグネフ・ブレジンスキーも２０１７年５月に死亡が発表されました。死亡が発表されたのは、デイビッド・ロックフェラーとブレジンスキーだけです。建前上は、ほかはまだ生きていることになっています。

欧米の支配階級は、昔から役者（影武者）を利用してきました。例えば、南アフリカの指導者のネルソン・マンデラは、本当は１９８０年代に刑務所で死にました。しかし、南アフリカを黒人支配に移行しようとするときに、彼が死んだことがわかると混乱が起きるので、役者にマンデラ役を演じさせて、これが非常にうまくいきました。これはＮＳＡ情報です。役者を使って、マンデラはまだ生きているという演出をしたのです。そして、その役者が、用意された脚本を読み上げます。同じように、ほか多くの指導者にも影武者がいるのです。そして最近では、影武者だけでなく、CG映像などを使ってカムフラージュするケースもふえています。

これも僕の情報源からもらった情報です。その人たちにウソをつかれたら困りますが、とにかく僕は、KGB（現FSB）、CIA、NSAの人たちと直接話をしています。彼らの世界観は、我々一般人とかなり異なります。例えば、スティーブン・ホーキング博士は15年前に死んでいます。もともと難病で余命数年と言われていた人が、いまだに30年も生きているほうがおかしいです。

これはこれから僕も確認しますが、CIAなどから寄せられた情報によると、すでに死んでいるのは、ビル・ゲイツ、ジョージ・ソロス、ビル・クリントン、ヒラリー・クリントンです。これからジョン・マケインも逮捕されると聞いています。アメリカでは、ものすごいパージが進んでいます。ほぼ勝負がついています。あんなにマスコミがトランプに反対して、いろんな妨害工作をしても、トランプ政権の誕生はとめられなかったのです。

今、ヨーロッパとアメリカの間には大きなギャップがあります。トランプ政権が誕生したことによって、まず、第三次世界大戦を始める計画はとめられました。イランとイスラエル、シリア、北朝鮮と日本など、戦争を起こす工作が何度も何度も試みられましたが、全部とめられています。

地球温暖化は100%ウソ／パリ協定はロスチャイルドが考案した世界の新しい構図

次ページの写真を見てください。2017年7月のG20でメルケルとトランプが会って立ち話をしているところです。ロシアの調査では、メルケルはヒトラーの娘だと言われています。ヒトラーがロスチャイルド一族の子孫であることを踏まえると、実際問題として、サックスゴーダ、ロスチャイルドの血筋を直接持っている唯一の指導者がメルケルで、彼女は今、ハザールマフィアの指導部の表の最高権力者になっています。G20までは、メルケルはパリ協定をやるぞとずっと言っていました。パリ協定とは、二酸化炭素による地球温暖化をとめるための協定ではなく、本当はロスチャイルドが考案した世界の新しい構図だったのです。そこには世界各国の排出量の割合が明記されていているのですが、それがそのまま新しい国際金融システムの議決権比率になっていました。

現在、カナダである裁判が行われています。この裁判は、すごく意味があります。次ページの画像の上のグラフを見てください。マイケル・マンというペンシルベニア州立大学の気候学者が出している地球温暖化の図、ホッケースティック曲線のグラフです。大変だ、大変だ、地球が熱くなってる、二酸化炭素に税金をかけて温暖化をとめなきゃと言っています。世界人類のすべての炭素系のエネルギーに税金をかけて、それによってロスチャイルドの

トランプとメルケルが立ち話をしている

世界政府を誕生させる計画です。ただ、ティム・ボールというカナダの気候学者が、本当はこうなっているというデータを示しました。それが下のグラフ。これは過去1000年ぐらいのデータです。中世時代は結構暑くて、その後、ちょっとした冷却期があって、現在に至っている。パニックを起こすようなことではないと言っています。一方のマイケル・マン博士が示したデータは、現在より高温だった中世の温暖期が排除されて、20世紀後半からの急激な温暖化だけが示されています。

マイケル・マン博士が提示したホッケ

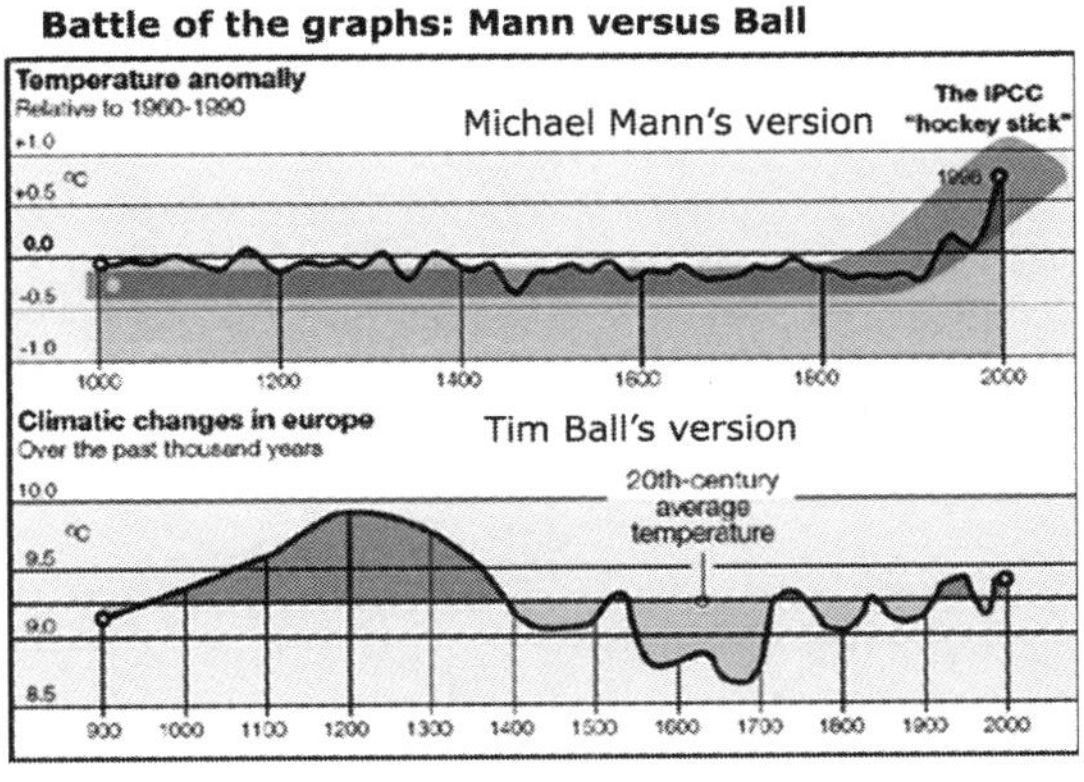

温暖化は世界政府を誕生させるために必要な口実だった！

ースティック曲線は、国連のIPCC（二酸化炭素温暖化気候変動政府間パネル）や西側諸国の政府によって「地球温暖化」の重要な証拠とされてきました。パリ協定の根拠になっているのも、この人のデータです。彼は国からの資金提供を受けて仕事をしているから、裁判で証拠を出せと言われたら、データなどの資料を公にする義務があります。ところが、秘密だと言って出さなかった。しかし、裁判所の命令に従わず、データを隠す行為は「民事的裁判所侮辱（civil contempt）」の罪にあたります。それで彼は拘束されました。出すと捏造データだということが裁判でバレるから、捏造を認めるよりも、捕まることを選んだというわけです。

さらに別の研究があります。世界の温度は、気象観測所をはじめ、海に浮かんでいるブイとか船舶など、いろいろなところで測っています。ときどき、そのデータのブレを調整することがあるというのですが、それを調べると、温度を高める方向でしか調整を行っていないのです。要は、温暖化は100％ウソだった。二酸化炭素は関係ない。あくまでも、炭素に税金をかけて世界政府を誕生させるプロジェクトだったわけです。

欧米のユダヤマフィアのことを、僕はいつも「ハザールマフィア」と言っています。一般ユダヤ人を巻き込みたくないからです。関係ないユダヤ人もたくさんいます。僕もユダヤの血がたくさん入っていますが、そういうことは何も知りませんでした。ハザールマフィアには2大派閥があります。1つは、アメリカ勢で、地球環境を守るために第三次世界大戦とか人類の大量間引きを主張する派閥です。それに対して、ヨーロッパ勢は、人類を殺さなくても、二酸化炭素に税金をかけることで環境を守ろうと言っています。そのヨーロッパ勢とは、ロスチャイルドとかエリザベス女王とかです。

結局、アメリカのテロ・戦争派のグループが負けて、ヨーロッパとアメリカでは今、大きな決裂が起きています。先ほどのトランプとメルケルの写真にセリフをつけるコンクールがあるそうです。公表はされていないけれども、結果が出たら見たいですね。僕は、トランプがメルケルに「パリ協定はダメだよ。あなたはやめなさい、辞任するんだよ」と言っているのではないかと思います。

マスコミが取り上げない本当の世界情勢／裏では、みんな仲よし

日本のマスコミは、まだハザールマフィアの支配下にあります。G20の前にも、みんな一斉にアメリカをいじめて、トランプが孤立しているという報道をしていますが、ふたをあけてみると、全然違いました。まだ進行中ですが、プーチンとトランプの初首脳会談では、最初は30分の予定だったのが2時間以上続きました。そのときの話し合いで、シリアでは停戦が発表されました。ウクライナ問題とか北朝鮮問題も、大筋は決まっています。きのうの夜、CIAのヨーロッパ担当と話したけれども、彼いわく、「実はロシア軍と中国軍とアメリカ軍は、みんな仲よしで協力している。だから、対立も何もない」ということでした。ロシア、中

国、アメリカの共通の敵は、ハザールマフィアです。

アメリカでのハザールマフィアの敗北をあらわす動きは、たくさんあります。ニューヨークタイムズが、ロシアによるサイバー攻撃の報道にウソがあったと認めました。CNNも、トランプの「ロシア疑惑」報道について、記事を撤回して、それに関わった記者3人の辞職を発表しています。「ロシアが悪い」とか「ロシアとアメリカがけんかする」というストーリーは、どんどん崩れています。本当はロシア軍とアメリカ軍は仲よしです。

ドナルド・トランプは、2017年5月25日のNATO首脳会議での演説で、NATO条約の第5条に触れませんでした。アメリカの大統領が第5条の順守を表明しなかったのは、NATO創設以後初めてのことです。NATOの第5条は共同防衛に関することで、要は、何かあったらアメリカがヨーロッパを守るぞという条約です。それを言わなかった。しかもこのとき、トランプは「ドイツはとても悪い。非常に悪い。彼らがアメリカで販売している自動車を見てください、ひどいことだ」とドイツの自動車輸出を批判し、不満をぶちまけています。トランプがそうした行動に出た理由は、「加盟各国が防衛費を公平に負担していない」・というNATO同盟国、特に経済大国のドイツに対する不満でした。それで、ドイツとフランスがロシアに頭を下げに行くという事態になりました。アメリカとロシアが水面下で話し合った結果、イギリス以外のヨーロッパはロシアの管轄になったのです。

アメリカはヨーロッパにおける影響圏の大半をロシアに譲りましたが、アメリカ軍はものすごく油を使うから、中近東というガソリンスタンドは必要です。ヨルダンやサウジアラビアを含む湾岸諸国が、アメリカのガソリンスタンドです。そして、ユーフラテス川を挟んで西側はイランとトルコとロシアの管轄です。ユーフラテス川を軸に中近東の油を山分けしました。中近東は、アメリカとロシアで半分ずつです。原油を買っているのは中国で、おカネをもらっているのはアメリカとロシアという構造です。そういう意味では、アメリカ、ロシア、中国の3者が共存して、とりあえず戦争のない状態を保っているのです。

そんな中、現在、カタールが中近東の湾岸諸国などから村八分にされています。

村八分というのは、先日（2017年6月5日）エジプト、サウジアラビア、UAE、バーレーンの中東主要4カ国が、いきなりカタールとの国交断絶を発表したことです。ペンタゴン筋によると、理由は、カタールがイランと組んで、天然ガスをヨーロッパではなく、アジア、特にインドや中国などにドル以外の通貨で売却する計画を立てているからです。

これもおもしろい出来事ですが、最初にサウジアラビアがカタールに制裁を呼びかけたときに、トランプは「サウジアラビア訪問で国王や50カ国と会った成果が、すでに出ている。彼らは過激派への資金供給に厳しく対処すると言っていた。そのすべての発言がカタールを指していた。おそらく、これは〝テロの恐怖の終わり〟の始まりになるだろう！」とツイートして威張っていました。ところが、カタール

の首都ドーハ近郊にはアメリカのアルウデイド空軍基地があり、すでに同国から天然ガス資源の恩恵も存分に受けている。次の日にトランプが謝罪する羽目になりました。しかも、カタールが120億ドル分のF－15戦闘機をアメリカから買う約束をすると、トランプはサウジへの支持を取り消した。そして、その直後にアメリカ軍とカタール軍は同盟関係を示すために、さっそく共同軍事演習をしました。要は、アメリカ軍がカタールの警備会社になっているのです。

もう1つ、おもしろい事例があります。「ブラックウォーター（現アカデミ）」という悪名高い傭兵会社があります。今、傭兵会社はアメリカ軍に負けないくらい大きいのです。イギリスの会社で、1カ所だけで60万人の従業員がいるところもあります。ブラックウォーターの創業者、エリック・プリンスは、今は中央アジアで中国の「一帯一路」の警備担当の仕事をやっています。要するに、アメリカと中国は組んでいるということです。中国が道路をつくって、アメリカがその警備を担当する。そうやって、裏ではみんな仲よしの世界が生まれようとしています。中国とけんかするとか、中国が悪いとか、いまだにそういうキャンペーンをやっていますが、あれは戦争を起こしたい勢力の負け犬の遠吠えでしかありません。

今が日本の植民地支配を終わらせるチャンスだ！

では、この中で日本はどうなるのか。これは非常に大きな問題です。日本はずっと植民地支配が続いています。今もそうです。事の始まりは、第二次世界大戦後、アメリカが上陸して、日本の軍事政府の首相の東条英機を呼んで、「これからあなたが首相になって、僕たちの命令に従いなさい。あなたは顔役をやりますか」と聞いたことです。東条が「いや、日本国民を裏切れない」と言うと、「はい、死刑」となった。次の人にも「どうですか」「いや、やりません」「はい、A級戦犯、死刑」。このようなことが繰り返されていた。やっと岸信介が「はい、やります」と言いました。岸信介は安倍のおじいちゃんです。裏でマイケル・グリーンとかリチャード・アーミテージなどの白人が実権を握って、顔役は、日本人か、在日の日本人の名前を持っている人がずっとやっていたという構図です。

昭和天皇がまだ健在だったときは天皇の力は相当なものだったので、日本は守られていました。昭和天皇はアメリカと対等な立場でしたが、今上天皇の代になると、デイビッド・ロックフェラーに自由を制限されてしまった。ロックフェラーが死んだために、今、日本の皇室はかなり混乱が起きています。

北朝鮮はどうなっているか。僕から言わせると、日本は奴隷政府、韓国も奴隷政府、北朝鮮は独立を保った。軍事力もあるし、中国の北部の軍閥との強いパイプもあります。習近平が北朝鮮に対して何もできないのは、軍閥に対して習近平にそこまでの権力がないからです。水面下で、中国軍と複数のアジア諸国の軍閥が連携しています。

昔、僕が現役のときには、毎日、新聞を7紙ぐらい読んだり、雑誌も読んでいました。その日の情報で圧倒されて、1週間前のことも覚えられなくなりました。

今はそんなに読む必要はないから、もうちょっと長いスパンで見ています。先週、北朝鮮がICBM（大陸間弾道ミサイル）を飛ばしました。現在、それがアラスカに届くと言って、マスコミが騒いでいます。でも、北朝鮮は1998年に、すでに衛星を飛ばしています。衛星が飛ばせるなら、世界のどこにでもミサイルを発射できます。それなのに、今さら騒ぐのはおかしいです。

実際問題、日本は六ヶ所村で原子爆弾を5000発つくれるだけのプルトニウムを製造しました。日本のロケット技術は世界一流なので、世界のどこにでも飛ばせるミサイル技術があります。それは公の事実です。エリツィン元ロシア大統領が漏らした情報では、日本の政府は水面下で、世界の指導者に対して「僕たちは5000発の核ミサイルを持っている」と言ったそうです。

何を言いたいのかというと、今は日本の植民地支配を終わらせるチャンスなのです。今、日本で革命が起きていることは、世論調査でもわかります。産経新聞の世論調査では、安倍の支持率は86％です。ところが、東京新聞の世論調査では5％、朝日新聞の世論調査では14％です。街で聞くと、安倍を支持している人はほとんどいない。ありえないほどのバラつきが見られています。ここからも、日本権力層の中で激しい権力紛争が起きていることがわかる。今はウソつきの植民地政府時代が終わろうとしています。日本でも、政界がこれから大きく変わろうとしています。まだ最終結果は見えませんが、僕の最新情報では、今、旧田中派を中心とした愛国心のある人たちが連携をしています。その第一歩として、東京都知事選で自民党が完敗しました。フランスでも、従来の政党は完全に消えつつあって、まったく新しい政党が誕生しました。それが日本でも起きます。誰がトップになるかは見えないけれども、うまくいけば、プーチン的な人が誕生すると思います。

僕はプーチンを個人としては見ていません。プーチンは、ロシアのインテリ層の根回しの結果です。要は、ロシア正教会とかロシアのエリートの意見を代表する人間です。ケネディのように1人の指導者を暗殺したら全部変わるかというと、そうではありません。方針は変わりません。日本でもそういうことができるといいと思います。日本はトップダウンの1人の独裁者はなじまないから、官僚組織とか産業界とか、日本の指導者の意見を代表するような、格好いいヒーロー的な顔役を見つけてほしいのです。ミスター日本みたいな、日本が意思決定した結論を発言をする人が必要です。

とにかく、日本でも革命が起きます。アメリカではすでに起きて、勝負がつきました。ヨーロッパと日本では、まだ終わっていません。

ヨーロッパでは半分は終わっています。イギリスのEU離脱が、その第一歩です。フランスでは、実は2017年4月の大統領選で、EU離脱を掲げていた国民戦線（FN）のマリーヌ・ルペン党首が2600万票対2100万票で勝っていました。フランスのエリートにはそれが耐えられないから、マクロンというロスチャイルドの銀行の元従業員を大統領にしたのです。でも、フランスはドイツに膨大な借金をしているから、ドイツの言うことを聞かざるを得ません。実際にドイツ軍はフランスに介入しています。僕から言わせれると、もはやフランスはドイツの植民地です。問題は、ドイツがロシアの言うことを聞かなければならないことです。アメリカがNATOの5条を無視したら、ドイツ単独でロシアと戦争しても、1カ月ももちません。ドイツの産業界もロシアと商売したいし、何よりヨーロッパは全体的にロシアの天然ガスに依存している。だから、仲よくしたいという気持ちがあります。その辺で根本が変わります。

残るアジアはどうなるか。水面下で僕が聞いているのは、南北朝鮮の統一は、もうすでに決まっています。決まらないのは日本です。ただ、植民地支配が終わるということは聞いています。

これから世界連邦が誕生する

最後に、大きな流れとして、これから世界はどうなろうとしているのか。2017年の6月14日、ローマ法王を筆頭に世界の主要宗教の指導者22名が「信仰が異なる人と友達になりなさい」と16の言語で合同声明を発表し、「人類へのメッセージ」として宗教間の統一を呼びかけています。要は、宗教間でみんな仲よくして、緩やかな世界連邦を誕生させる。これはニューワールドオーダーのような絶対世界政府ではありません。

これを聞くと、みんな「あれ？」と思うのですが、実際問題、どんな村でも、泥棒など罪を犯したりすると罰せられます。ところが、世界レベルではそれがありません。だから、中近東でＩＳＩＳが悪さをやっているんです。それをとめるもの、世界平和を実現するものが必要です。国と国の問題は、戦争ではなく裁判や交渉で決める。環境破壊、貧困問題、宇宙開発など、共通に抱える問題はみんなでやります。だけれども、それぞれの国と地域は独立を保ちます。

「宗教を超えて友達になりましょう」という呼びかけ

この人たちが呼びかけているということは、もしかすると、2018年には何らかの発表があるかもしれません。

今現在言えるのは、欧米をずっと支配していたハザールマフィアが失脚したということです。代わりに、今、欧米で一番力を増しているのはキリスト教です。僕は基本的に、子どものころからキリスト教を遠ざけるよう育てられました。それでもキリスト教は、僕的に言わせると、博愛とか、困った人を助けるとか、そういう意味では非常にありがたい、つき合いやすい宗教でもあります。現在のロシアの後ろ盾も完全にロシア正教会です。ロシア正教会は今、共産主義革命の弾圧の歴史から立ち直って非常に、強い勢力になっています。2016年2月には1000年前から続いていたロシア正教会とローマ教会の対立も解消されました。僕が聞いた情報によると、中国が何らかのキリスト教宗派を国教にする可能性は高いです。中国には表向きは2億人ぐらいのキリスト教徒がいますが、緩やかなキリスト教徒です。世界平和に向けて、「博愛」という理念を貫いて、みんなで仲よくする世界を、中国もロシアもアメリカ軍もプッシュしています。その3つが協力している限りは実現されるでしょう。

最後に、イスラエルの反社会的な行動をとめて、サウジアラビアのインチキ政府を改めて、日本のインチキ政府を変える。いくつか課題は残っていますが、条件はそろってきています。情勢は常に流動的ですが、裏では大きな対立はもうありません。僕が言うハザールマフィア、クリスが言うユダヤロビーの残党の大掃除だけという理解です。僕は今、非常に人類の未来を楽観視しています。世界はいい方向に動いているという実感があります。ただ、早く日本でも、みんながわかるようにしてほしい。東京都知事選がその一歩ですが、もうちょっとはっきりと、例えばNHKが3・11のことを発表するとか、そういうことが見たいです。そうしたら、やっと変わったなということを確信できると思います。

僕は直接、裏の人たちからいろんな情報をもらっています。その中にはデマを流そうとする人もいます。でも、クリスは完全に表の情報で確認できるものを中心に動いています。

次の章では、僕とクリスと参加者の皆さんとで、表のニュースとか新聞に書かれていることと僕の言っていることとの矛盾とかを議論して、もうちょっとはっきりと世界がどうなっているかを見てみたいと思います。

第3部

クリス&ベンジャミン大激論／これからの世界はこう変わる！

アプローチは違えど、真実は同じ／2人のジャーナリストがたどり着いた世界の真実

ベンジャミン　最後は、みんなで参加する形で、質問とコメントを皆さんからいただきながら、僕たちも議論をすることにしたいと思います。

その前に、言い忘れたことが1つあります。今、安倍政権の致命的な問題は加計学園です。現在、日本の複数の右翼筋から「安倍が加計学園に獣医学部を新設して、そこで秘密裏に細菌兵器や化学兵器の研究・製造を始めようとしていた」という情報が寄せられてきています。ようするに、加計学園は、実は生物化学兵器の工場だったという情報です。そうであれば、総理の影響力や忖度《そんたく》どうのこうのではなく、そもそも戦犯なんです。何で獣医学校にあれだけおカネをかけて、

あんな立派な施設をつくったのか。安倍政権は大量殺人計画を企む欧米旧権力者たちの言いなりです。同情報筋からは、加計学園のことがバレたから、政権がもたないと聞かされています。

クリス　質問が始まる前に、私とベンジャミンの関係について少し語りたいと思います。彼とは35年前の夏休みに上智大学で知り合いました。秋期のための授業登録の日でした。彼は私に会う前に私の兄に会っています。兄と話している中で、たぶん、私の話も出たと思う。その後、ベンジャミンは私のところに来て、「あんたは変わり者に見える。私も変わり者。友達になりましょう」と言いました。私は本当は英語で話す人とは友達になりたくなかった。日本語を覚えるために日本に来たのだから、日本人の友達をつくりたかった。でも、しようがないから友達になってあげた（笑）。

彼は伝統的な保守主義者で、私は伝統的なリベラル主義者でした。私たちはいつも議論して、けんかしていました。半分は彼の意地悪だったと思います。私をわざと怒らせようとしていました。「ベンは本当に嫌なやつ」と思っていたのですが、でも、友達になった。そのときから、我々は2人ともだんだん変わっていきました。

彼にとって、9・11は大きな出来事でした。私は、最初は人種は関係ないと思っていましたが、だんだん人種の違いはある、みんな同じというわけではないというふうに、少しずつ変わっていきました。昔は、2人は180度違って、正反対でした。でも、だんだん近づいている。私がベンジャミンから影響を受けていることは否定できないし、たぶん、彼も私から少し影響を受けているかもしれない。2人ともバカかもしれないけれど、2人ともだんだん真実に近づいていると思います。始まった視点が違うから今も違うところがあるけど、だんだん近づいています。

ベンジャミン　彼はずっと草の根の政治活動に熱心で、選挙キャンペーンとかアメリカの選挙現場をフォローしています。僕は、実際に権力のそばにいる政治家とかと話をしている。それで同じ事実に近づいてきたと言えます。彼が言うように、確かに9・11が自作自演だと知ったことが僕には非常に大きかったです。僕みたいな、もともとエスタブリッシュメントの人たちの多くが、それをきっかけに目が覚めた。自国民を3000人殺して、それをガソリンスタンド泥棒（中近東諸国への侵略）の言いわけにするような政府は倒すしかない、と。だから、9・11は非常に大きかった。欧米人はだまされやすいけれど、正義感が強い。だから、いったん「こいつが悪い」と思うと、「悪と戦うんだ」となる。でも、よくだまされて、悪ではない人を傷つけてきた歴史がある。それを今、正そうとしています。でも、9・11の悪党を潰そうとしても、なかなかできません。やつらは頭は悪いけど、けんかだけは強い。

クリス　ベンジャミンも私も、ニュースで見る表のことがすべてではないと理解しています。これは私の意見ですが、彼は陰で、どの個人がどう動いているかを調べています。私は、どの集団がどう動いているかを見ています。集団には意図的な動きもあるし、非意図的な動きもあります。

語ることがタブーとされるユダヤ勢力の世界アジェンダ

ベンジャミン　もちろん、すべてが陰謀ではありません。偶然にそうなることもあるのは確かです。でも、探っていくと、キーパーソンが出てきます。今は、そのキーパーソンたちの顔や名前、リストなどが出てきているので、これまで陰謀論とされてきたものが目に見える現実になってきています。

クリス　例えば、デイビッド・ロックフェラーとかヘンリー・キッシンジャーのように、陰で動いている個人は確かにいます。彼らは力を持っているし、影響力を持っています。ユダヤ人だけが重要な団体とは思いませんが、特にアメリカとか欧米では、ユダヤ人を理解しないと何も理解できないとも思っています。

ユダヤ人の社会には、数多くの団体、組織があります。そして、その組織がメンバーになっている、さらに上の組織があります。主要な50のユダヤ人組織の議長の評議会もあります。そういう組織的な枠組みもあるし、非公式的な枠組みもあります。ユダヤ人の伝統、あるいは、ユダヤ人の遺伝子も無視できないと思います。ですから、いろいろな傾向がある。議長評議会は重要ですが、それが総司令官とは限りません。

ユダヤ人社会の中には、ユダヤ人部族にとって何がよいかという考え方をしている人がいます。ドイツ系、アジア系、アフリカ系の人と比べると、そういう考え方をする人が多い。偉い人だけではなくて、一般の人も役割を果たしているし、ある程度、責任を持っている。だからといって、一般の人を罰する必要があるとは言っていません。でも、そういう責任と役割があると思っています。

ベンジャミン 今、ユダヤ人に怒りを感じているアメリカ人は結構多いから、危険でもあります。確かに彼らは組織的にアメリカを乗っ取ろうとしていました。でも、それは世界に1600万人ぐらいいるユダヤ人の中の100万人ぐらいのグループです。同じ「ユダヤ」というラベルでも、いろいろな人たちがいます。例えば、僕の先祖は、旧約聖書は一切読まない昔からの無神論者で、その代わりに中東の古い教えを習ったりしていました。でも、昔の欧米では無神論者は社会の中で許されないので、ユダヤ人の中に住んでいました。ユダヤ人の中にも、案外、自分がユダヤ人であるという自覚を持っていない人も多くいるのです。

あと、現場でわかったのは、悪魔崇拝は本当にあるということです。旧約聖書の「ルツ記」に出てきますが、モレクやバール、セト、サタン……などと呼ばれる神様にいけにえを捧げて、そのために人を殺す儀式をやるグループは今もいるし、昔からその証言は山ほど出ています。そういう悪魔崇拝の一番悪質なグループがユダヤ社会を乗っ取ったと僕は理解しています。僕はよく、ユダヤ人を梅毒にかかった美女にたとえています。確かに魅力的だけど、つき合うと大変なことになる。だから、つき合う前に抗生物質を飲ませないといけない。ユダヤの中のマフィアとか悪質なものを全部パージして、いい部分だけ残すという考えです。でも、最近はまた殺すしかないという声がふえていて、少し危険です。悪党が上にいたとしても、罪のない人を巻き添えにしてはいけない。今は悪党がピンポイントに消されているという状況です。

クリス　ユダヤ人は、マスコミ、学会、アカデミー、金融など、いろいろな力の資源があります。でも、一番恐ろしい資源は、ユダヤ人の力の話を抑圧する力です。それは一般のユダヤ人も参加しています。例えば、ロン・ポールという下院議員が大統領候補者になったときに、数十人で集まる会議があって、私はそれに参加していました。会議には必ずユダヤ人が来ました。ほとんどのユダヤ人はロン・ポールのことが嫌いでしたが、そのユダヤ人は「自分はユダヤ人だ。我々ユダヤ人もロン・ポールが好き」と言いました。その部屋にユダヤ人がいると、ほかの人はユダヤ問題を話してはいけないという空気になる。ロン・ポールの会議でも、イラク戦争を反対する会議でも、ユダヤ人のいるところではユダヤ人の話はできなくなります。イラク戦争はユダヤ人のネオコンがやったとか、ユダヤ人の動機を話し合うことは当たり前ですが、ユダヤ人が参加すると、話すのはまずいということになります。

ベンジャミン　欧米人は、ある言葉が出ると思考が停止するように仕向けられています。例えば、「ホロコースト」というワードです。その話に入ると、聞いてはいけない、話してはいけない、という思考回路に陥ります。それに対して少しでも疑問をぶつけると、批判の対象にされ、集中攻撃を受けるからです。それから、「ユダヤ人」という言葉も避けています。だから、僕は「ハザールマフィア」という言葉を使ったり、日本の権力について言う場合は「利権」とか、人々にとって抵抗のない単語で、うまいぐあいに実態を説明しようと苦心しています。

ユダヤ人には「おまえたちはバビロニアから逃げてないよ。まだバビロニアの家畜だよ」と言っています。つまり、ユダヤ人の多くは奴隷で、司令部（＝ハザールマフィア）が問題だと説明しています。「自分が奴隷であることに気づいていない奴隷ほど、いい奴隷はいない」というのが、彼らハザールマフィアの言葉です。また、ハザールマフィアは、うまいぐあいに、自分たちの存在、自分たちの力を隠して、それについて語ることをタブーにしています。

彼らは１つの社会を乗っ取るときは、まず、天才を殺します。自分たちより頭のいい人を消して、だませる人しか残しません。イラク侵略のときも、大学教授とかインテリ、旧政府の政治家とか、そういう人をどんどん抹殺して、その社会の乗っ取りを図りました。アメリカでも、ケネディやマーティン・ルーサー・キングの暗殺など、同じようなことをしようとしました。

大もとはやっぱりデイビッド・ロックフェラー

ベンジャミン　日本でも、僕は現場をずっと取材して、たくさん殺された官僚、政治家を見てきました。それをやったヤクザとかに取材すると、「僕たちは下請だ」と言います。上にいるのは、マイケル・グリーンのような人たちで、最終的にはデイビッド・ロックフェラーやブッシュなどに辿り着きます。

例えば、新生銀行絡みで、日本長期信用銀行が外資に乗っ取られる経緯で殺された監査法人の人とか銀行の幹部とか日銀の元幹部の殺人トレイルをフォローすると、デイビッド・ロックフェラーに至るわけです。ほかにも、いろいろと調べた結果、陰謀論と言われる出来事の多くは、デイビッド・ロックフェラーが大もとだということがわかりました。やはり現場から行くと間違いはないのです。

世界で起きていることを文字にして、映像にして世に伝えるのが我々ジャーナリストの仕事です。それがジャーナリストと学者との違いです。今、権力者層にいる人たち、今、世界を動かしている人たちに直接会って、直接見て、事実を伝える。そういうやり方で、こういう考え方に至ったのです。

ハザールマフィアについて語ることの危険性／それでも本当のことを知ってほしい

ベンジャミン　クリスは草の根の政治活動でアメリカを変えようとしました。でも、彼が選挙に立候補しようとすると、ものすごい邪魔が入ったそうです。彼は「羊は自分たちで羊の長を選ぶことができない」ということが下から見てわかったんですね。

クリス　私は下院議員選挙に立候補しました。小さい緑の党。

ベンジャミン　すごい邪魔が入ったでしょう?

クリス　そうそう。でも、その話は長くなるのでやめます。

ベンジャミンは「ユダヤ人」という表現をできるだけ避けようとしています。

ベンジャミンの使っている表現は、少し間接的です。彼は日本で活動しているから、変なことを言っても刑務所に入るということはたぶんないでしょう。ただ、アメリカだったら、刑務所には入れられなくても、仕事をなくすことはよくあります。ヨーロッパとかカナダだったら、刑務所に入ることもあります。

ベンジャミン　僕も、9・11のことを言い出してから、あらゆる欧米マスコミのブラックリストに入りました。英語で本を出版しようと思ったら、出版社に圧力がかかります。それでもやるという出版社があったのですが、アメリカのホームランドセキュリティー（国土安全保障省）が、出版社の銀行口座を全部凍結してしまいました。僕は英語圏ではブラックリストに載っています。

クリス　日本に住んでいるベンジャミンにとっても、そういう邪魔が入ります。それを避けるために、多くの人がもっと間接的な表現を使っています。アメリカだったら、「リベラルはこうする」とか、アレックス・ジョーンズという人は「ナチスはこうする」とか、イギリスのデイビッド・アイクという人は……。

ベンジャミン　爬虫類（笑）。

クリス　地球の中央に住んでいる爬虫類がやっていると言っています。多くの人は、それがユダヤ人を意味するとわかっています。でも、意外に多くの人は、実際に爬虫類が世界を支配していると思っています。アメリカがユダヤ人パワーから脱皮できないのは、ほとんどの人がユダヤ人がパワーの源であることをわかっていないからです。少なくとも一部の人は、直接「ユダヤ人」という表現を使ったほうがいいのですが、それは難しい。私は偽名を使っています。自分の名前を使っている人は、間接的に言っています。自分の名前で直接的にユダヤ人のことを話す人は、本当に少ないです。例えば、その1人のデイビッド・デュークはアメリカで一番嫌われている人です。

ベンジャミン　欧米社会ではユダヤのことを話す人は一緒くたに「白人優越主義」と言われて、ハブられます。でも、その多くは白人優越主義者などではありません。彼らは、例えばアジア人は平均的に白人より頭がいいとか、白人は平均的に黒人より頭がいいとか、黒人は平均的に白人よりも身体能力が優れているとか、そういう話をしているだけなのです。要するに、白人優越主義ではないのです。ただ、そういうことを話し出すと、「白人優越主義」のラベルを貼られます。洗脳されていた時代の僕だったら、人種について話題にする人は相手にしなかった。そういうふうに仕向けられているからです。かなり手の込んだ洗脳があったのです。僕の洗脳が解けたのは、子どものころは南米に住んでいて、日本に長く住んでいるからです。でも、洗脳は、ものすごく浸透しています。

クリス　白人優越主義者と呼ばれる人のほとんどは、日本人とか東アジア人の脳みそは白人と比べて大きいとか、平均ＩＱは白人より高いと認めています。その事実を認めているのは白人優越主義者と呼ばれる人だけです。それはちょっとおもしろいと思います。

さっきベンジャミンが世界の政治の構造を話していました。彼は、いいユダヤ人は高級な奴隷だと言っています。そのピラミッドの頂点に秘密の政府がある。確かに陰に重要な人は存在していますが、私から見ると、世界の政治構造は今、ピラミッドの一番上が崩れています。だから一番上の指導者は存在していないと思っています。

ベンジャミン　今は存在していないよ。

クリス　私から見ると、ユダヤ人は高級奴隷ではなく、実際の指導者だと思います。

４京３０００兆円は本当に天皇に託されたのか？

ベンジャミン　では、質問に移りたいと思います。

質問者　この前、板垣英憲さんのセミナーに出たら、小沢一郎と4京3000兆円の金塊の話とかが出ていたのですけれども、そういうのは本当の話なんですか。

ベンジャミン　確かに、第二次世界大戦前に、欧米勢が、東南アジア、特に中国から相当量の金《きん》を巻き上げて、天文学的な債券をばらまきました。僕も何兆、何京という債券を自分の目でたくさん見ています。僕は独自の情報源で、皇室に近い人間から板垣英憲さんと同じ情報を得ています。本当は5京の債券でしたが、すでにそのうち7000兆円は使われてしまったので、残りの4・3京をヘンリー・キッシンジャーが換金しようとして、天皇陛下にそれを承認する判こを押してもらうように働きかけたという情報があります。

これは僕の考えすぎかもしれませんが、ある女性がスカイプで僕に連絡してきて、ヘンリー・キッシンジャーの紹介で、南太平洋のブーゲンビルに行ってくださいと言われました。ブーゲンビルは、第二次世界大戦の戦地、ガナルカナルの隣の島です。そこの王様に商務大臣に認定されて、金を20キロあげると言うのです。それでブーゲンビルに行ったのですが、傭兵に殺されそうになって、手ぶらで帰ってきました。ちょうど僕が日本にいない間に、キッシンジャーが来日して、天皇陛下が判こを押して、おカネが実際に動いたという話は聞きました。

だけれども、きのうCIAのヨーロッパ担当と話したのですが、天皇陛下はそれを換金する権限を取り上げられている。そのおカネを動かす承認の判こを持っている人たちは上に3人いて、そのレベルでとめられているそうです。キッシンジャーが来た、天皇陛下が判こを押した、だけど、その上で凍結されたと僕は理解しています。

実際に、あれだけのおカネが動いたら何かわかる。まだそれは表では見えていない。ただ、実際に現場の人たちに聞くと、今、おカネが回っているのは不動産です。日本銀行の量的緩和は全部不動産です。そのほとんどがハゲタカに奪取されているけど、日本国内に回っているわずかなおカネが不動産に回っているということ。だから、不動産のローンを組みたいなら、今はおカネが出やすいと言われています。債券の件は僕も独自のルートで同じ話を聞いていますから、何かあったはずです。

その後に、キッシンジャーが承認の判こが押された高額債権を手に入れてプーチンに会いに行ったという話もあります。その狙いは世界政府誕生の資金だと聞いています。

延命に必死なアメリカの現状とは？

質問者　デイビッド・ロックフェラーさんが亡くなったということが公表されておりますが、そのかばん持ちをしておったのがキッシンジャーさんだと。今、キッシンジャーが活発に動いているということは、キッシンジャーがその後の米ソを狙って段取りをつけているのかということを1つ聞きたい。

アメリカは、基本的に経済的には破綻しています、カンパニーアメリカは倒産して、共和国アメリカの宣言がインターネットでオープンにされたということも出ておりますけど、形上はまだ一切出ていないということです。そのところのお話をしていただければありがたいなと思います。

ベンジャミン　キッシンジャーは、確かに「今度は俺だ」と手を挙げています。でも、彼は94歳で、しかも、アメリカではそんなに尊敬されていません。日本では一目置かれていますが、アメリカでは「あのオッサン」という感じです。ただ、彼が長年蓄積したハイレベルな外交ネットワークを生かして、世界政府誕生に向けて動いているし、プーチンとかトランプとかと会っているのは事実です。ただ、本人が指導者になることはありません。彼はずっと、権力者のかばん持ちのままです。株式会社アメリカの倒産に関しては、5月3日にワシントンDCの直接管轄地である米自治領プエルトリコが総額で1230億ドルか何かの不渡りを出しました。さらに、イリノイ州は、宝くじで当たっても、おカネをくれません。要は破産しているわけです。ニュージャージー州も今度破産宣言があるらしいです。

トランプの外交を見ると、最初は中国に批判的だったのに、習近平に会うと、急にフレンドリーになった。たぶん、公共事業か、アメリカのインフラのおカネをもらったのでしょう。サウジアラビアには「あなたの国のテロリストたちが9・11をやったんじゃないか」と言って怒っていたのに、「3500億ドル分の武器を買う」と言われたら、「オー、サウジアラビア、友達」。カタールに「120億ドル分の戦闘機を買う」と言われたら、「オー、カタール」。ドイツはおカネをくれないから、「ドイツはベリーベリーバッド」(笑)。わかりやすいじゃないですか。

今は、あの手この手を使って延命資金をかき集めている最中です。でも、何やかやいって、アメリカは世界最大の軍事力を持っています。普通の国のように完全に倒産させるわけにはいきません。今は、うまいぐあいに話し合いをしている最中です。でも、最終的にはドル体制の大もとが変わらなければならない。それがどうなるか、まだ勝負はついていません。

ただ、中国の考えでは、アメリカは死にかけた野獣です。アメリカがライオンだとすると、まだ生きている間は少し距離を置いて、自然にあの世に行くまではそっとしておくほうが得策だと思っているようです。アメリカ軍は今、世界800カ所に基地を持っています。世界政府を誕生させて世界軍になることで、自分たちは軍事担当、中国は経済担当、ロシアもエネルギーと軍事担当という労働分担の交渉をしている最中だと思います。

クリス　私は2つのことを言いたい。

最初は、トランプの性格とか彼のスタイルに関してです。彼の話し方は非常に乱暴で、非常に無礼です。彼はきょう何かを言っても、翌日にはまったく反対のことを平気で言います。それが彼のやり方です。選挙戦では、例えば、ニュージャージー州知事がライバルの1人だったのですが、最初は何も言わなかったのに、戦略的に何かを言うべきだと思ったら、「彼は50州の中で本当に最低の知事だ。ニュージャージーは、こんなに予算困難がある。彼のせいだ。彼は本当に最低なやつ」と言いました。ところが、選挙で彼を破ったら、「彼は昔からの親友」と言って、彼を入閣させようとしました。ただ、トランプの義理の息子はそれを拒否しました。

ベンジャミン　州知事は義理の息子のお父さんを刑務所に入れた。

クリス　だから義理の息子が反対しました。それがトランプのスタイルです。

中国に対しては、テレビでは「中国の貿易は不公平で、我々を強姦している」

という無礼なことばかりが放送されました。でも、その直後に、「ただ、中国は悪くない。我々の指導者が悪い。オバマ政権はどうしてこんなに不公平な協定をつくるのか。私は、ずっと中国といろんな取引をしている。いつもいい協定ができる。私が大統領になったら、中国との関係はよくなる」とも言っています。

もう1つは、彼は選挙戦ではサウジを批判していました。ところが、大統領になってから最初の海外出張はサウジでした。ベンジャミンが言ったとおり、高額の武器を売った途端にフレンドリーになりました。

トランプ政権では、この数カ月、政権内ですごい戦いがありました。4月には、義理の息子、ゴールドマン・サックス系のユダヤ人たち、ネオコンとか、ネオコンの考え方を受けている将軍たちが、事実上のクーデターを起こしたと私は解釈しています。

トランプは、マスコミとか議会ですごく責められて、もう少しで弾劾されるところでした。総選挙でトランプに反対した議員は、共和党の中で30人以上いました。ですから、弾劾される危険性は実際にあります。でも、この2～3カ月では、

ＣＮＮが言っていたロシアの選挙妨害の話がだんだん崩れて、トランプは少しずつ支持を取り戻しています。一貫性のない行動の理由の1つは、状況が変わっているからだと私は解釈しています。

ベンジャミン　確かに、いっとき、ユダヤロビーのゴールドマン・サックスが反撃して、トランプ政権の国家安全保障担当だった元軍人のマイケル・フリン大統領補佐官を政権から外しました。でも、その後も攻防戦が続いて、今は制服組が有利になっています。トランプの義理の息子のクシュナーが、今、結構にらまれていて、刑務所に入る可能性が高いと僕は見ています。とにかく「あいつが悪い」という認識の人は非常に多い。実際に、彼は公私混同とか、法に触れることをいろいろやっています。

北朝鮮は本当に日本を攻撃してくるのか？

質問者　日本人が一番気になっているのは、北朝鮮のミサイルとか核の問題です。それがどうなってしまうのか。あと、世界で核の禁止条約を結んでいるのに、核保有国が入ってこないし、日本はアメリカにべったりです。こういう状況が、どうなっていくと思いますか。

ベンジャミン　まず、後者のほうから先に答えます。もし僕とクリスが機関銃を持っていて、あなたたちが機関銃禁止という投票をしても、僕たちの状況は変わらないでしょう。核保有国の9カ国は核を持ったままだから、あまり意味がない。気持ち的には意思表示できたけれども、残念ながら、持っているほうが強いという現実もある。

ただ、核のいいところは、お互いに死んでしまうので、結局は使えないものです。北朝鮮が核をつくったのは、ベビーブッシュが「悪の枢軸」と言ってイラク、イラン、北朝鮮の3国を名指しし、実際にイラクとかが撲滅されるのを見ていたからです。自分たちが撲滅されないためには核をつくるしかないという状況が北朝鮮にはあった。日本の戦前体制の残党は、戦後に独立国家を目指して北朝鮮を誕生させました。100%言えるのは、北朝鮮は親日だということです。日本国民とは友好関係を持ちたいけれども、日本の傀儡《かいらい》政府、奴隷政府に反対しているという理解です。

さらに、情報で直接もらっているのは、金正恩のおじさんが処刑された事件のときは、北朝鮮が中国に乗っ取られそうになったために、北朝鮮の軍閥対官僚の内戦があって、軍閥が勝ったということです。その後、その軍閥がアメリカに、中国から守ってもらうために協定を結んだけれども、裏ではアメリカと北朝鮮は同盟国です。日本も裏では北朝鮮と同盟国です。理解しにくいのはわかるんだけど、建前上は、北朝鮮は悪党で、問題児で、怖い国ということになっていますが、裏ではつながっているという矛盾があります。アメリカ軍とか中国のスパイとか皇室の人間とか、直接いろんな人から聞くと、裏ではみんなつながっていることがわかります。

結論として、北朝鮮は攻撃しない。心配する必要はありません。北朝鮮は自分たちで先手を打てない。ただ、いじめられないために核を持っているだけです。北朝鮮は怖いぞとあおっているのは、僕から言わせると、ハザールマフィアのお抱えマスコミです。

クリス　私は北朝鮮との情報のパイプは持っていません。25年前だったら、上智大学の蠟山道雄《ろうやまみちお》先生のもとで北朝鮮を研究していました。

ベンジャミン　そういえば、彼の修士論文は北朝鮮についてでした。

クリス　日本語で論文を書きました。それは自慢です。ですから、私の情報とか研究は結構古いです。最近の情報は持っていませんけど、私の解釈では、北朝鮮の問題を解決することは、それほど難しくないと思います。北朝鮮の指導者は、昔から、直接アメリカの指導部と会談を行いたいと言っています。中国、ロシア、その他の国を連れてきた6カ国会談ではなく、アメリカ対北朝鮮で会談を行ったら、北朝鮮はアメリカと平等な位置になる。アメリカはアフリカの小国とは直接会うのに、どうして北朝鮮だけは会わないのか。これはそんなに解決しにくい問題ではありません。でも、1つは、ユダヤ人を中心に、敵を分割して支配する戦略を使っています。東アジアの場合、南北朝鮮、中国と日本を分割して紛争を促しています。それで自分の立場を強くしているわけです。

ベンジャミン　僕も直接取材したのですが、尖閣が問題になったときに、中国人が尖閣で中国の旗を揚げました。そのときに調べたら、香港でおカネをもらったと言うのです。いつも国会前で看板を持っているような、そういう活動が好きな男がいるじゃないですか。そういう人たちにおカネを払って、尖閣まで案内して、中国の旗を揚げさせた。そのおカネを出したのは、ジェームズ・サスーンという、イギリスの当時の財務大臣です。サスーン一族は、昔からアヘン商人のグループです。彼がそのおカネを出して、その工作をやらせました。僕はそのとき、サスーン本人に連絡して、それについてコメントをもらおうとしたら、否定も肯定もなかった。何もなければ、普通なら否定します。

同じ時期に中国全土で反日暴動がありました。そのときも、オッシュというフランスの財閥のジョン・コーエンという人が、暴動1人に対して1日1200人民元を払って、日本の工場とか日本の会社を攻撃させたという情報をもらいました。それもコーエンに電話して、何でそんなことをやったのかと聞いたら、同じく否定も肯定もなかった。

要は、ユダヤ人の幹部がおカネをばらまいて、日本と中国がけんかする工作をしているのです。その現場の具体例を見つけているわけです。同じように、北朝鮮と日本のけんか、日本と韓国のけんか、尖閣問題など、あおっているのは、彼が言うように、全部ハザールマフィアです。アジアの団結を防ぐために、分裂させて、けんかさせて、自分たちに歯向かわないようにさせるのが昔からの彼らの帝王学です。

ハザールマフィアのおカネで世界は動いている

クリス　ベンジャミンがさっき言った、フランスのコーエンという人はユダヤ人です。サスーンはイラク系のユダヤ人家系です。それはよく知られています。

ベンジャミン　彼らはスポットライトを当てられると急に超弱くなります。僕が電話したら、超びっくりしたと思う。自分のところに、これに関して電話がかかってくるというのは、たぶん今までなかったから。同じくサスーンも、国会の広報室に電話をしたときはびっくりしたと思います。

クリス　アメリカの学者を見ていると、中国が日本に脅威を与えているというテーマで書くユダヤ人が多い。ユダヤ人のおカネで動かしているシンクタンクはロックフェラーだったでしょう？

ベンジャミン　今、日本で一番厄介なのが、ＣＳＩＳ（戦略国際問題研究所）です。マイケル・グリーンバーグというＣＳＩＳの人間が小泉ジュニアと一緒に論文を書きました。その論文では、小泉ジュニアが日本人はユダヤ人に従うべきだと書いています。小泉ジュニアが自民党青年局の局長を務めて、自分の派閥を事実上、立ち上げたときに、メンバーの議員は全員数千万円ずつ現金をもらい、それを払ったのがサスーンだったと言われています。その話をサスーンにぶつけたら、同じくノーコメントだった。

同じく、ウクライナでは、ヌーランドの子分がドル札を大きなバス2台にギューギューに詰め込んで、反ロシアデモの隊員にばらまいたり、麻薬をばらまいていました。薬漬けのドル漬けです。政変を起こしている現場にも、僕のロシアの友人が侵入して報告しています。そういうことがバレているから、あの人たちは今、とてもおびえています。

クリス　ビクトリア・ヌーランド自身も革命が起こった現場にいました。これはほとんど芝居だったと思うけど、デモをしている人にサンドイッチを与えたりしました。でも、ロシアが携帯の電波を捉えて、ビクトリア・ヌーランドと在ウクライナのアメリカ大使の会話が盗聴されました。「我々はこの人を首相にしたい」。その人はユダヤ人だった。「この人は入閣させたくない」。このような話をしていて、これから結成される内閣の人物まで言っていた。その大使が「EUはこういう革命ではなく、交渉によって解決したい」と言うと、ヌーランドは「EUの野郎」と、すごく汚い……。

ベンジャミン　「Fuck the EU!」と言った。

クリス　それはユーチューブでバレました。彼女は否定できなかった。さっき言ったように、私の妹が彼女の秘書だった。彼女の職場に行ったとき、妹の机の近くに事務次官の扉がありました。その扉に、プーチンをバカにした、すごく無礼な絵がありました。前日には、ウクライナの首都、キエフの市長が来ているし、その前日にはスウェーデンの首相が来ています。来賓が続々と来るところにプーチンをバカにする絵を飾るのは、すごくおかしなことです。

ベンジャミン　とにかく、この人たちはどんどん失脚しています。トランプ政権が始まってから、56人のアメリカ国務省の幹部がクビになりました。それは、ハザールマフィアの息のかかった人間ばかりでしょう。まあみんなではないけど。とにかく、そういう政策をプッシュしていた人たちがみんな失脚しているという状況です。

クリス　ただ、事務次官レベルは上院の承認が必要です。上院の承認は閣僚だけではなく、次官級も数百人が必要です。それをやっていない。ティラーソン国務長官がロシアのラブロフ外務相と初めて会談したときに、ラブロフには自分の補佐官が十何人がいました。ティラーソンは1人だけ連れてきた。それでどうやって外交ができますか？　人材を配置できていないんです。なぜかというと、ユダヤ人が支配する上院は誰も承認しなかったからです。

ベンジャミン　僕の情報だと、それがそのまま放置されているのは、アメリカ軍が今、外交を担当しているからです。国務省が外されて、ケリー元国務長官も殺されているという情報をもらっています。ちなみに、ケリーは、ハインツケチャップの創業者一族のハインツさんが怪しい飛行機事故で死んでから、その未亡人と結婚してハインツの富を奪いました。あれはハザールマフィアがよくやる手です。ハザールではないお金持ちを殺して、その財産を奪う。僕のひいおじいちゃんもそうだった。GEの筆頭株主だったけど、殺されて、GEの株は全部ロックフェラーに行っちゃった。そのロックフェラーの弁護士だった人物、マッケンジー・キングは、僕のお父さんのゴッドファーザーでもあったという変ないきさつがあります。マッケンジー・キングは、20年間、カナダの総理大臣をやっていた人です。とにかく、一族の財産がハザールマフィアに全部奪われたというのは、よくある話です。

憲法改正の意図は何か？

質問者　憲法9条では、自衛隊で加憲をやろうとしているのですけど、それはどういう狙いだと思いますか。

ベンジャミン　僕が日本に来てから、ずっと憲法9条改正が議論されています。またかというか、要するに、同じ話をずっと繰り返して空転しているわけです。でも、実質的には、もうすでに海外に派遣しているじゃないですか。だから、憲法9条どうのこうのという問題ではないのです。自衛隊が自分の国を守るというのは常識です。僕は、日本が国連の承認のもとで国際平和維持活動に参加するのはいいと思いますが、イラク侵略のような正義のない勝手な戦いには参加させてはならないという考えです。

クリス　私は原則として憲法9条を支持します。そして、日本は核兵器で武装しないほうがいいと思っています。しかし、現状はアメリカに支配され、事実上の衛星国になっている。今の現状よりは、核兵器で武装された、9条を廃棄する日本のほうがましだと思っています。

表には出ないアメリカのメディア事情

質問者　クリスさんにお答えいただきたいのですが、アメリカのメディアのことで、今はFOXが非常にバランスのとれた判断をしている、そのほかの8割、9割は反トランプの発言になるとおっしゃいました。FOX以外は闇の権力構造の息がかかったメディアで、ＦＯＸだけがそれとは離れているのかということが１つです。

あと、先日、安倍政権が無理やり通した共謀罪ですけれども、あの方向づけに関しては、全体主義に偏っていって、言論統制に入っていくのかと考えたときに、ベンジャミンさん、こういう活動はなかなかできなくなるのかなとも考えています。

その点に関して、２つお話ししていただきたいと思います。

クリス　闇の力がＦＯＸまで及んでいないわけではありません。ＦＯＸの所有者はルパート・マードックという人です。彼がユダヤ人であるかどうかはわかりません。表ではユダヤ人ではないとされていますが、それにしても、彼は今まですごく親イスラエルで親ユダヤでした。ですから、ユダヤ人でないとしても、あまり意味がない。ＦＯＸの経営者が闇の権力とかユダヤ人の影響を受けていないわけではなく、ＦＯＸを見る人たちがトランプを支持しています。ＦＯＸの一部のキャスターは、観客を失いたくなければ、親トランプを話題にしなければならないとわかってきた。一部の人は実際にトランプを支持したかもしれませんが。

ベンジャミン　マードックは、自力で純粋にマスコミ王になりました。残りのメディアは、中央銀行、ＦＲＢ資金で買い集めただけで、ほかのトップは表向きでもユダヤ人です。

それから共謀罪ですが、例えば、共産圏で崩壊する前の政府があいう法案を通していました。そうした動きは、権力層が国民におびえている証拠です。あれは弱さをあらわしています。「何かやったら、事前にやっつけるぞ」というのは、おびえているとしか思えない。

以上です。長らくありがとうございました。

ベンジャミン・フルフォード　Benjamin Fulford
1961年カナダ生まれ。外交官の家庭に生まれ、若くして来日。上智大学比較文化学科を経て、カナダのブリティッシュ・コロンビア大学を卒業。アメリカの経済誌『フォーブス』のアジア太平洋支局長などを歴任し、現在はフリーのジャーナリストとして、テレビ、雑誌等で活躍中。著書には、『9.11テロ捏造―日本と世界を騙し続ける独裁国家アメリカ』(徳間書店)、『ヤクザ・リセッション―さらに失われる10年』(光文社ペーパーバックス)、『闇の支配者〝環境戦争〟』(フォレスト出版)、共著に『二人だけが知っている超アンダーグランドのしくみ』『われら二人超アンダーグランドとかく戦えり』『これが［人殺し医療サギ］の実態だ！』(ヒカルランド)などがある。

クリストファー・タイタス・ノース　Christopher Titus North
1961年生まれ。政治学者。1984年にハワイロア大学を卒業し、その後1991年に上智大学で修士号を取得、2003年にはピッツバーグ大学で博士号を取得している。
1989年～2010年、米ニューヨーク州に本社を置く国際的な大手情報企業トムソン・ロイターに特派員・アナリストとして所属、翻訳、編集なども手掛ける。その間の2003年～2008年にはピッツバーグ大学政治学部の非常勤教授なども歴任し、2010年～2014年にかけては非営利企業「CITIZEN POWER」にて常務取締役を務める。

世界を動かす【国際秘密力】の研究

トランプ大統領のパフォーマンスは《隠された支配構造》をえぐり出す

第一刷　2018年3月31日

著者　ベンジャミン・フルフォード
　　　クリス・ノース

発行人　石井健資
発行所　株式会社ヒカルランド
〒162-0821　東京都新宿区津久戸町3-11　TH1ビル6F
電話　03-6265-0852　ファックス　03-6265-0853
http://www.hikaruland.co.jp　info@hikaruland.co.jp
振替　00180-8-496587
本文・カバー・製本　中央精版印刷株式会社
DTP　株式会社キャップス
編集担当　田元明日菜

ISBN978-4-86471-562-1

ともはつよし社　好評既刊！

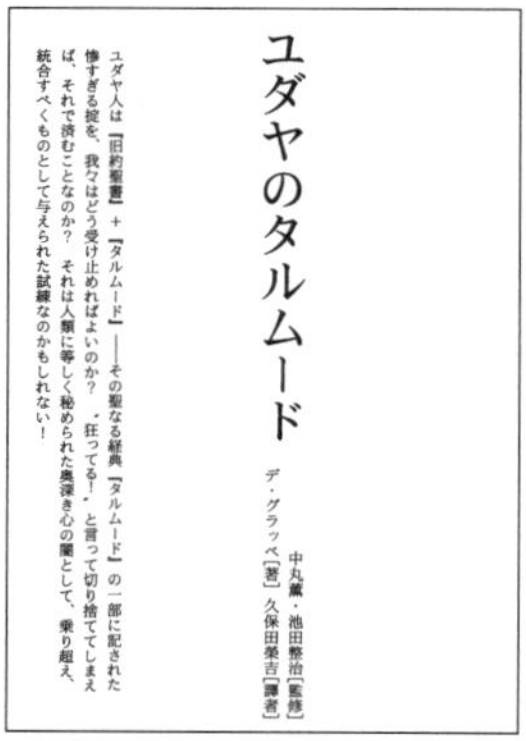

ユダヤのタルムード
デ・グラッベ［著］久保田榮吉［譯者］
中丸薫・池田整治［監修］
ユダヤ人は『旧約聖書』＋『タルムード』――その聖なる経典『タルムード』の一部に記された惨すぎる掟を、我々はどう受け止めればよいのか？　"狂ってる！"と言って切り捨ててしまえば、それで済むことなのか？　それは人類に等しく秘められた奥深き心の闇として、乗り超え、統合すべくものとして与えられた試練なのかもしれない！

ユダヤのタルムード
著者：デ・グラッベ／譯編：久保田榮吉
監修：中丸薫・池田整治
本体 3,333円+税

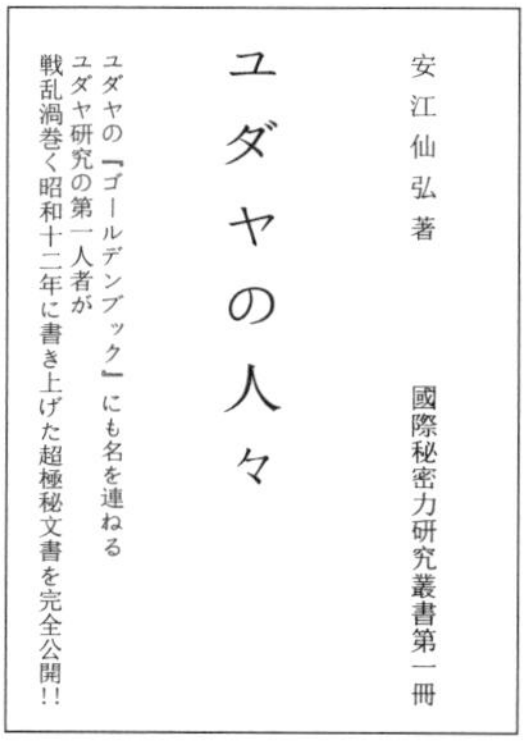

安江仙弘著
國際秘密力研究叢書第一冊
ユダヤの人々
ユダヤの『ゴールデンブック』にも名を連ねる
ユダヤ研究の第一人者が
戦乱渦巻く昭和十二年に書き上げた超極秘文書を完全公開!!

ユダヤの人々
著者：安江仙弘
本体 3,333円+税

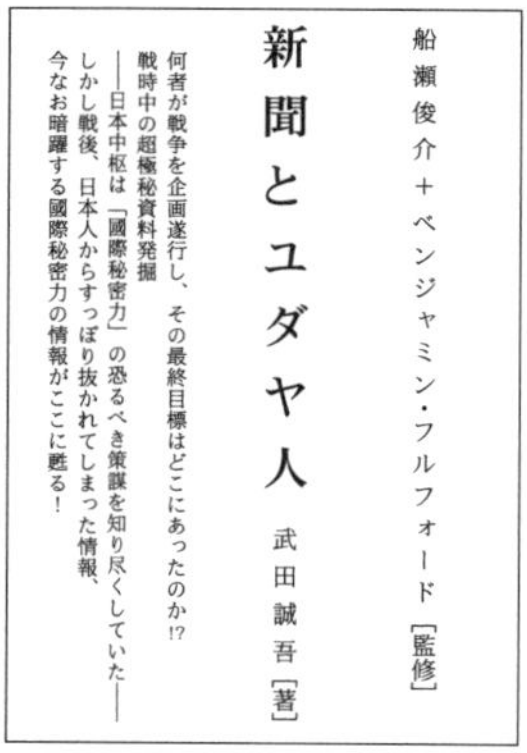

船瀬俊介＋ベンジャミン・フルフォード［監修］
新聞とユダヤ人
武田誠吾［著］
何者が戦争を企画遂行し、その最終目標はどこにあったのか!?
戦時中の超極秘資料発掘
――日本中枢は「國際秘密力」の恐るべき策謀を知り尽くしていた――
しかし戦後、日本人からすっぽり抜かれてしまった情報、
今なお暗躍する國際秘密力の情報がここに甦る！

新聞とユダヤ人
著者：武田誠吾
監修：船瀬俊介＋ベンジャミン・フルフォード
本体 3,333円+税

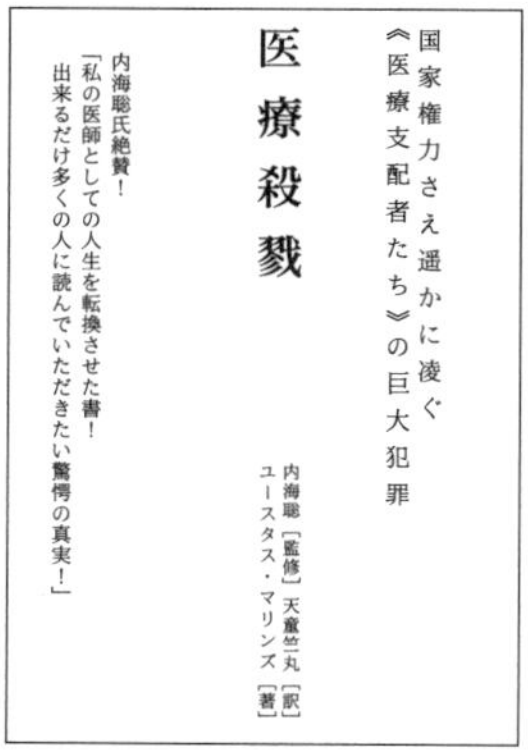

国家権力さえ遥かに凌ぐ
《医療支配者たち》の巨大犯罪
医療殺戮
内海聡［監修］天童竺丸［訳］
ユースタス・マリンズ［著］
内海聡氏絶賛！
「私の医師としての人生を転換させた書！
出来るだけ多くの人に読んでいただきたい驚愕の真実！」

医療殺戮
著者：ユースタス・マリンズ
監修：内海 聡／訳者：天童竺丸
本体 3,333円+税

ヒカルランドパーク オリジナルグッズ

片野貴夫さん お墨付き！

ハピハピLUCKスタンド
（ネイビー、ホワイト、ピンクの3色セット）
■3,600円（税込）

●材質：Steel（スティール）、PU　●サイズ：約80㎜×45㎜　●重さ：約６ｇ　●製造国：韓国
動画を観たり、写真のスライドショーを楽しんだり……。そんなスマホの楽しみをさらに引き上げてくれます。スマホの裏面に貼りつけて真ん中をプチっと押せば、一瞬で端がクルッと巻かれスマホスタンドに早変わり。表面にはフトマニ２番目の円に書かれている「とほかみゑひため」のホツマ文字が刻印され、この文字が放つエネルギーが空間を覆います。イヤホンを巻いたり、スマホには貼らずそのまま指でプチプチ繰り返して遊んだり（癖になります！）といった使い方も。
※裏面が金属、シリコン素材には付きにくい場合があります。
※一度貼りつけてはがすと粘着力が弱まりますが、羽根部分に両面テープを貼って再度使用することができます。
※３色あわせてのセット販売です。単体での販売はお受けできません。

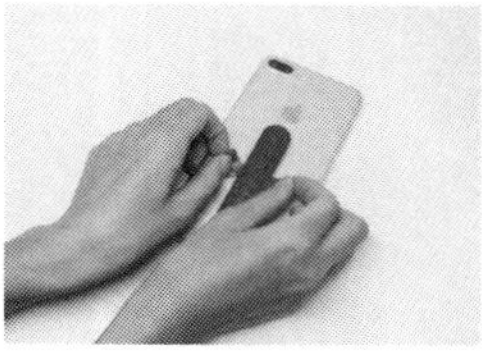

裏面のシールをはがしてスマホの裏面にしっかりと貼ります。

➡

センター部分を押せば、瞬時にスマホスタンドの完成。フィンガーリングやイヤホンを巻いたりといった使い方もOK。

ヒカルランドパーク取扱い商品に関するお問い合わせ等は
メール：info@hikarulandpark.jp　URL：http://hikarulandpark.jp/
03-5225-2671（平日10-17時）

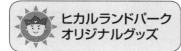

本といっしょに楽しむ ハピハピ♥ Goods&Life ヒカルランド

神代文字の言霊エネルギーをもっと身近に
使い方いろいろ超便利グッズで毎日をハピハピに！

ホツマ文字、カタカムナ文字、龍体文字――。古代日本の神秘である神代文字が持つ言霊のチカラをもっと便利で身近なアイテムにできれば……。そんな思いから生まれたのが「ハピハピ LUCK パッド」と「ハピハピ LUCK スタンド」です。どちらもヒカルランドパーク限定のオリジナルグッズで他では手に入りません。神代文字は古代日本で超能力者とされた当時の天皇（スメラミコト）が宇宙から飛来するエネルギーを形にして表したものと言われています。日常のちょっとした場面で気楽に使いながら、場を宇宙エネルギーで満たしていくパワーグッズとして、知人やお子様などへのささやかなプレゼントとしてもオススメです。

表面

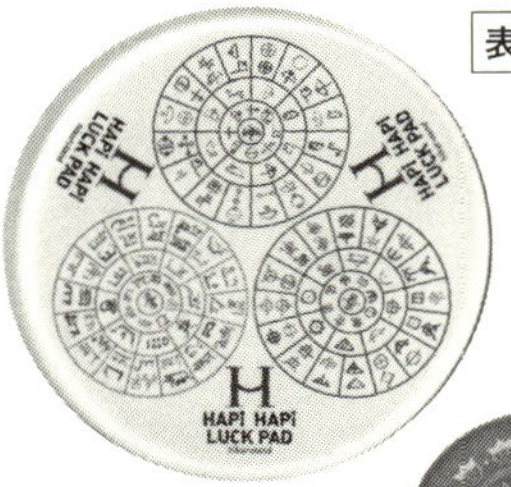

裏面

ハピハピLUCKパッド

■1,960円（税込）

●材質：ポリウレタン　●サイズ：直径72mm×厚さ８mm　●重さ：約30ｇ　●製造国：韓国

ご家庭や職場、車内など日常のあらゆるシーンで使える超便利グッズです。全体に施されたジェルのような感触の素材が持つ吸着力で、あらゆるものを貼りつけたり固定したりできます。しかも吸着力は強力なのに、はがしても接着跡は残らず、使用を重ねても水洗いすることで何度でも使えます。表面にはホツマ文字、カタカムナ文字、龍体文字のフトマニ図がプリントされ、バランスよく配置された３種のフトマニの相乗効果で宇宙エネルギーを引き寄せます。コースターとして使えばパワードリンクに……など、使い方はアイデア次第で無限！

カバー付きで携帯性も抜群。

ご家庭や職場はもちろん車内でも活躍。

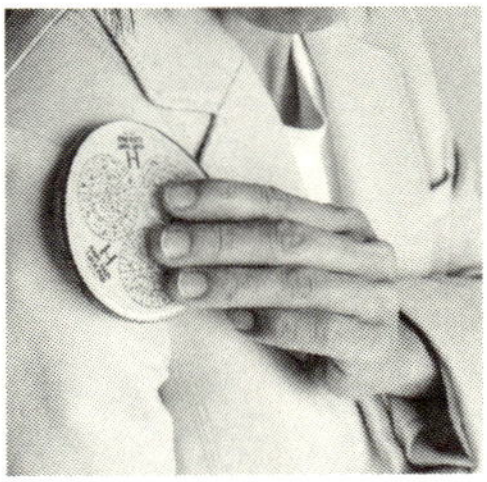

衣類に付着したホコリ取りにも。

は三次元であり、「生命の樹」を三次元化した「３Ｄカバラ」が正しい姿・形なのです。

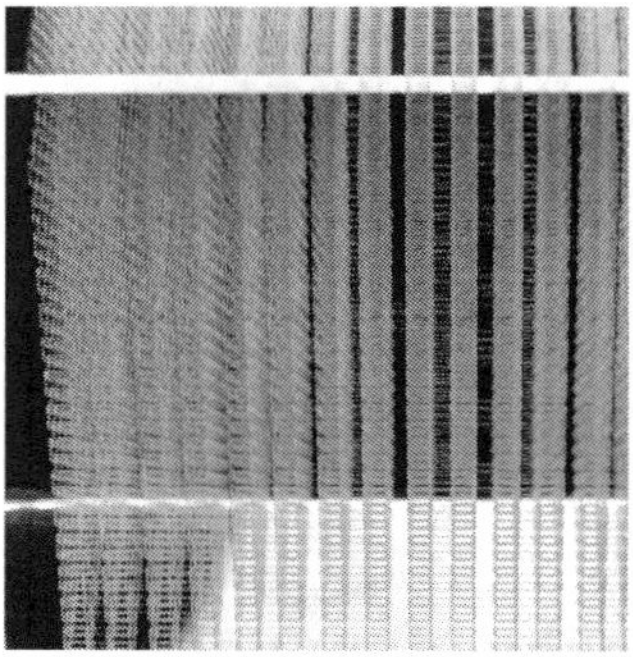

「ダ・ヴィンチキューブ メサイア」は、立体である生命の樹「３Ｄカバラ」をクリスタルガラスの中で完全に再現しました。ゆがみのない正しい状態の３Ｄカバラを身にまとったり、空間を共にしたりすることで、私たちが持つグリッドは正常な状態に調整されます。つまり、「気」「プラーナ」を十分に受け取ることが可能になるのです。

不調の改善や活力アップなど肉体面の向上はもちろんのこと、「３Ｄカバラ」には経済、思想、創造など人間活動のすべての面を司る力さえあると言われますので、直感力や想像力のアップなど精神面の向上、さらには運気の引き寄せまで期待できます。

開発者 丸山修寛医師

1958年兵庫県生まれ。医学博士。医師として活動し、独立後は東洋医学・西洋医学に加え、電磁波除去療法、波動療法などに貪欲に取り組む。その成果はサプリメントから電磁波グッズなど、様々なグッズの開発に及ぶ。さらに、カタカムナ文字をはじめとした神代文字の存在を知り、ミスマルノタマと呼ばれる余剰次元から開いた見えざるエネルギー球体が、宇宙からの素粒子を一瞬で集めて体の不調などに働くことを発見。自身の治療にカタカムナを積極的に取り入れ、様々なカタカムナグッズの開発も行う。「自分だけの喜びは、どんなにがんばってもたかが一人分。他人も幸せにすれば、喜びも自分の分もプラス人数分になる。そうすれば無限大まで喜べる」をモットーに日々の治療や研究に余念がない。

生命エネルギーを強化し、身体の中にある扉を開く 極上のスピリチュアルアイテム

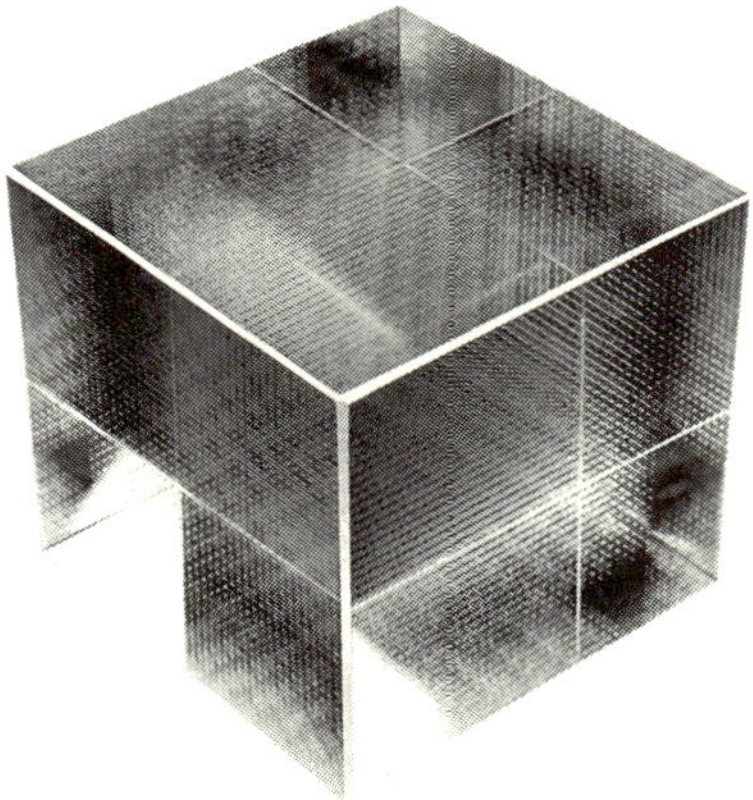

ダ・ヴィンチキューブ メサイア

■ 51,840円（税込）

●サイズ：約50㎜×50㎜×50㎜

●素材：クリスタルガラス

基本的な使い方

★体の気になる部位にあてて使う

★お部屋に飾ってエネルギーアップ

救世主の名を冠したエネルギー装置

「メサイア」とはキリストなど救世主のことを指します。「ダ・ヴィンチキューブ メサイア」はその名の通り、持つものに高いエネルギーを与え、救世主のごとく心身に抱える様々な問題を解決してくれるよう後押ししてくれる装置です。その強力さはアメリカのサイキックも驚愕するほど。

「気」「プラーナ」を整える三次元幾何学模様「３Ｄカバラ」

私たちの身体の周囲は、生命エネルギーである「気」や「プラーナ」が取り囲んでおり、健康で活力に満ちた状態を維持するためには、これらをいかに効率よく取り込んでいくかが鍵となります。

「気」や「プラーナ」が存在する人体の周囲70〜100㎝の空間は生命場とも称され、数千年の歴史を持つ学問であるカバラ神秘学では「生命の樹」と呼ばれる、幾何学模様（グリッド）の形態をしております。「生命の樹」はこれまで二次元として伝えられてきましたが、私たちの周囲のグリッドは実際に

エネルギーチャージ・みらくるごはんレトルトシリーズ

ごろごろ野菜曼荼羅カレー

■1袋　740円（税込）
●賞味期限：製造日から２年
●原材料：トマトピューレ、ソテーオニオン、かぼちゃ、人参、じゃがいも、とうもろこし、ごぼう、大豆、植物油脂（菜種）、カレー粉、小麦粉、醤油、麦みそ、いんげん、粗糖、調味だし、ココナッツミルクパウダー、おろしにんにく、おろししょうが、パプリカ、食塩

じわじわスパイシー 野菜の麻婆豆腐

■1袋　740円（税込）
●賞味期限：製造日から２年
●原材料：豆腐、玉ねぎ、粒状大豆たん白、麦みそ、でん粉、醤油、おろししょうが、発酵調味料、食用ごま油、粗糖、おろしにんにく、豆板醤、トマトペースト、豆鼓醤、酵母エキス、山椒末、豆腐用凝固剤（一部に小麦・大豆・ごまを含む）

天まで突抜 コク辛グリーンカレー

■1袋　740円（税込）
●賞味期限：製造日から２年
●原材料：水、ショウガ、にんにく、レモングラス、青唐辛子、コリアンダーパウダー、クミンパウダー、しょうゆ、グリルナス、赤ピーマン、しめじ、タケノコ、菜種油、ココナッツミルクパウダー、野菜ブイヨン、てんさい糖、天日塩、レモン汁

お得な

はぴはぴプレミアム369《みろく》セット

同種／３種類セットをご用意しております。日が経つほど味がしみ込んで美味しくなりますので、防災用のローリングストックにも。

■３個セット
2,000円（税込）　1個あたり 667円

■６個セット
3,900円（税込）　1個あたり 650円

■９個セット
5,800円（税込）　1個あたり 644円

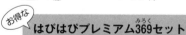

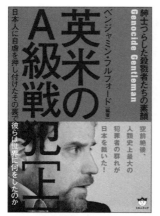

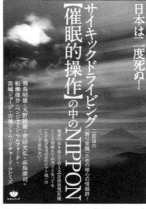

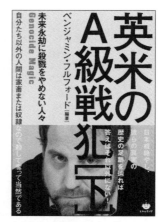

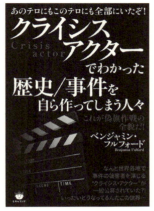

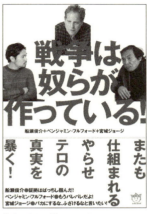

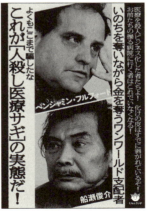

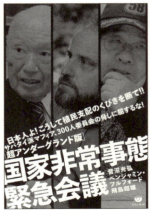

ヒカルランド　近刊予告!

地上の星☆ヒカルランド　銀河より届く愛と叡智の宅配便

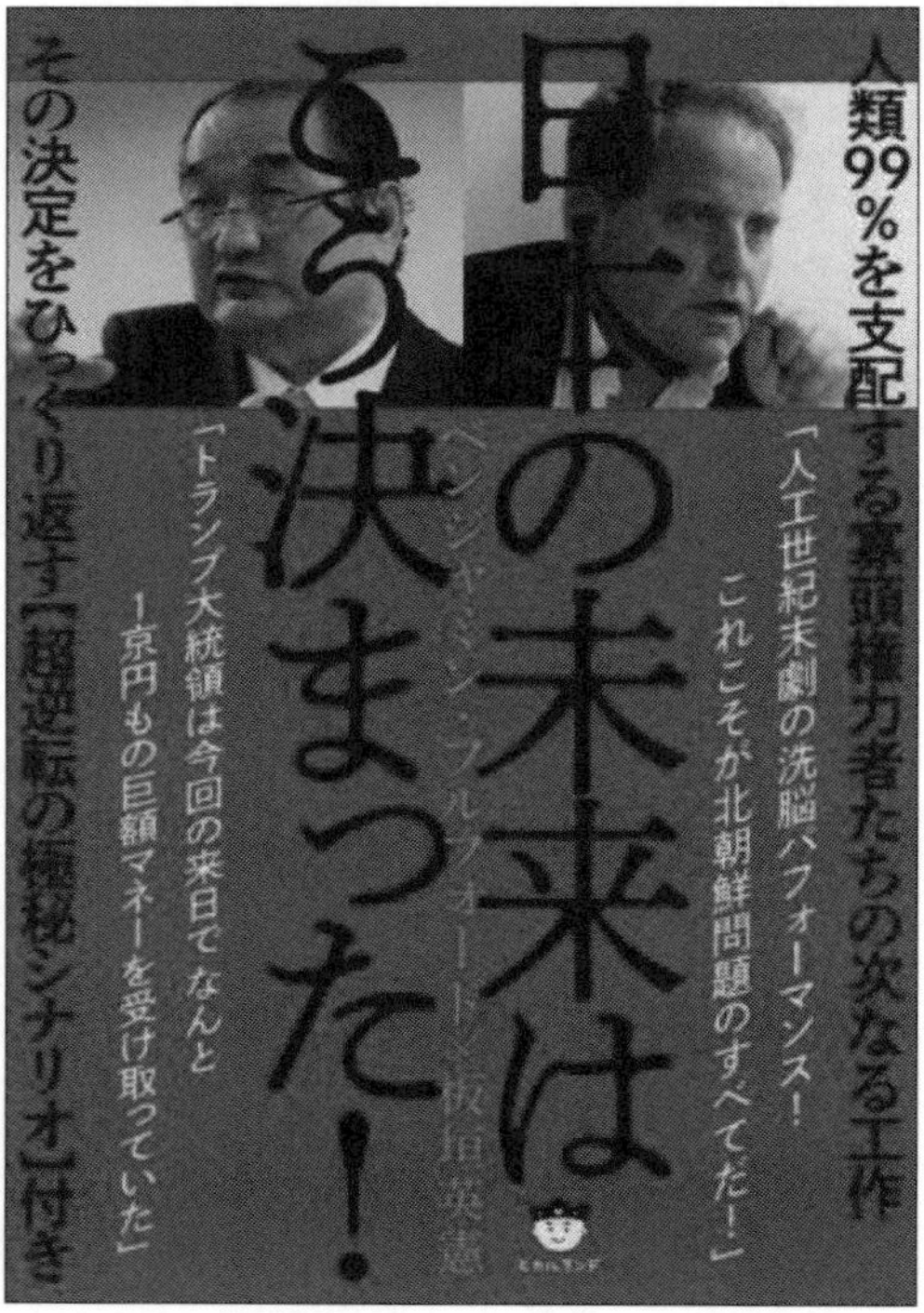

日本の未来はこう決まった!
その決定をひっくり返す【超逆転の極秘シナリオ】付き
著者：ベンジャミン・フルフォード／板垣英憲
四六ソフト　予価 1,815円+税